어린이를 위한 첫 번째 인권 수업

사람이
사는
미술관

어린이를 위한 첫 번째 인권 수업
사람이 사는 미술관

© 박민경

초판 1쇄 인쇄 2025년 1월 3일
초판 1쇄 발행 2025년 1월 10일

지은이 박민경
그린이 서예원
펴낸이 오혜영
책임편집 김인혜
디자인 조성미
마케팅 한정원

펴낸곳 그래도봄
출판등록 제2021-000137호
주소 04051 서울 마포구 신촌로 2길 19, 316호
전화 070-8691-0072
팩스 02-6442-0875
이메일 book@gbom.kr
홈페이지 www.gbom.kr
블로그 blog.naver.com/graedobom
인스타그램 @graedobom.pub

ISBN 979-11-92410-46-3 74300
      979-11-92410-45-6 (세트)

어린이를 위한
첫 번째 인권 수업

사람이
사는
미술관

박민경 글 | 서예원 그림

그래
도 봄

인권 감수성이 넘치는 세상을 그리며……

여러분, 인권이란 무엇일까요? 인권이란 사람이 '개인 또는 나라의 구성원'으로서 마땅히 누리고 행사하는 기본적인 자유와 권리, 그러니까 사람이 사람답게 살 수 있는 권리입니다. 남녀노소, 사람이라면 우리 모두는 인권을 보장받을 수 있어야 해요.

이렇게 이야기해도 사실 어린이 여러분에게는 아직 인권이라는 말이 낯설고 와닿지 않을지도 몰라요. 그럼에도 불구하고 어렸을 때부터 인권에 대해 아는 것은 중요해요. 어리다고 해서 무시하고 지나칠 수 없는 소중한 나의 권리거든요.

새가 태어나서 날갯짓을 배워가듯 여러분도 어려서부터 자신의 권리를 배워 익혀 나가야 해요. 그래야 정말 필요할 때 자신의 권리를 당차게 주장할 수 있거든요. 또한 자신의 권리가 소중한 만큼 다른 사람의 권리도 소중하게 인식하게 됩니다. 서로가 다름을 인정하고 자신의 권리를 정당하게 주장할 때 우리는 인권의 가치가 실현된 세상에서 살아갈 수 있어요. 이것이 인권을 어려서부터 배우고 익혀야 하는 이유이자 제가 어린이를 위한 첫 번째 인권 수업《사람이 사는 미술관》을 쓴 이유입니다.

어린이를 위한 첫 번째 인권 수업《사람이 사는 미술관》은 세계적인 명화를 보면서 그 속에 담긴 인권의 주제를 발견하고 함께 생각해 볼 거리를 안내해요. 장애, 외모, 국가, 노인, 노동, 폭력, 교육 등 여러분이 학교에서, 친구들 사이에서, 나아가 세계에서 살아가기 위해 알아야할 권리를 쉽고 흥미롭게 짚어 줍니다. 이 책에 나온 기본적인 권리들만 알아도 나와 내 친구의 권리를 정확히 알고 당당하게 주장할 수 있는 멋진 어린이가 될 거예요.

모든 어린이가 앞으로 살아갈 세상에서 자신의 권리를 정확히 인지하고 권리를 자유롭게 행사할 줄 알면 좋겠습니다. 낯설고 어려운 인권이 이 책을 통해 친근하게 다가갈 수 있으면 좋겠습니다. 여러분들이 차별과 혐오로 가득한 세상이 아닌, 인권 감수성이 넘치는 사회에서 살아갈 수 있도록 이 책이 작은 보탬이 되기를 바랍니다.

박민경

차 례

01

장애는
비난할 거리가
아니야!

피터르 브뤼헐
(Pieter Brueghel, 1525~1569)

네덜란드에서 태어나 16세기와 북유럽의 미술계를 대표하는
화가입니다. 특히 농민들의 삶을 애정 어린 시선으로 들여다보
고 그려 낸 작품들로 유명합니다. 덕분에 '농민 브뤼헐'이라는
이름이 붙기도 했습니다. 자연 풍경과 종교에 관련된 그림도 많
이 그렸습니다. 〈농부의 결혼식〉, 〈아이들의 놀이〉 등이 대표적
인 작품입니다.

소경이 소경을 인도하다
(De parabel der blinden)

1568년, 이탈리아 나폴리 카포디몬테 미술관

아무 생각 없이 하는 말에도
장애를 낮추는 말이 있어!

앞의 그림은 네덜란드의 화가, 피터르 브뤼헐이 그렸어. 그림을 자세히 봐 봐. 사람들의 모습이나 행동이 좀 독특하지? 맞아. 이 사람들은 앞을 보지 못하는 시각 장애인들이야. 사실 이 그림은 화가가 직접 보고 그린 그림이 아니야. 성당에서 사람들에게 성경의 내용을 알려 줘야 하는데 당시에는 글자를 모르는 사람들이 많았대. 사람들이 글을 모르니 대신 이해하기 쉽게 그림으로 표현한 거야. '소경이 소경을 인도하다'라는 내용인데, '소경'이란 시각 장애인을 낮잡아 부르는 말이야. 이 구절의 의미는 어리석은 사람이 지도자가 되어 무리를 이끌면 결국 엉망진창이 된다는 뜻이지. 그러니까 앞을 잘 볼 수 없는 시각 장애인들끼리 모여서 무엇인가를 할 때 잘 이루어지지 않고 엉망이 된다는 내용이란 말이야. 화가가 장애인들에 대해 너무 부정적으로 생각하는 것 같지 않아? 피터르 브뤼헐의 입장에서 이렇게 변명할 수도 있을 거라는 생각도 들어.

"아니 이건 성경에 있는 이야기를 그림으로 나타낸 거잖소! 내가 장애인을 이렇게 나쁘게 생각한 것은 아니란 말이오!"

그렇지. 우리가 잘 알고 있는 성경에서조차도 장애인을 부정적인 의미로 표현했으니, 장애인에 대한 인식이 얼마나 오래전부터 좋지 않았는지 알 수 있을 것 같아. 그런데 2000년이 지난 지금, 한국에서도 장애인에 대해 안 좋게 표현될 때가 많아. 심지어 이런 문제에 민감하

고 더욱 말조심을 해야 할 정치인도 "왜 벙어리처럼 아무 말도 못 하나!"라든지, "정신병자나 하는 짓을!"이라는 표현을 사용하기도 해. 우리가 즐겨 보는 텔레비전 프로그램에서도 사람들이 장난처럼 장애인들을 흉내 내면서 웃음을 이끌어 낼 때가 많아.

우리가 장난처럼 사용하는 말들 중에도 '병맛', '병신', '결정 장애'처럼 '장애'라는 상황을 부정적으로 표현하고 낮추는 단어들이 있어. 아마 그런 말이 무슨 뜻인지 제대로 모르고 사용했던 사람들도 있을 거야. 그만큼 우리 사회가 장애를 부정적으로 인식하고 표현해 왔고 그런 말들이 당사자에게 어떤 기분이 들게 할지 돌아보는 데에 예민하지 않았겠지.

아무런 잘못도 하지 않았는데 남들에게 비난을 받으면 기분이 어떨까? 예를 들어 "시골스럽게 그게 뭐냐? 촌스럽다."고 하면, 시골에 사는 사람들은 세련되지 못한 것처럼 들리잖아. 또 초등학생을 부를 때 '잼민이', '급식충'이라고 부르는 것도 잘못된 표현이지. 초등학생을 부정적으로 표현하는 저런 말들 때문에 초등학생들은 무엇인가 부족하거나 예의가 없는 사람들이 되니까.

장애 자체가 뭔가 비난할 거리라도 되는 것처럼 말하면 장애를 가진 사람들은 굉장히 화가 나지 않을까? 사실 장애인은 장애가 있다는 사실 자체로 불편한 게 아니야. 장애인이 비장애인과 동등하게 사회 시설을 이용할 수 없거나 편의를 누릴 수 없기 때문이지. 거기에 장애를 바라보는 잘못된 시선과 편견의 말들이 더해지면 장애가 있다는 사실이 힘겨워지는 거지.

피터르 브뤼헐이 나쁜 사람이라 장애인을 부정적으로 묘사한 것은 아니라고 생각해. 무려 400년도 훨씬 전이었으니까. 그렇지만 그 사회에서 장애인을 어떻게 바라보고 생각하는지 알 수 있게 해 주었지.

우리가 매일 매일 사용하는 말과 단어는 놀라운 힘을 가지고 있어. 누군가를·기분 좋게 해 주기도 하지만 불쾌하게 할 수도 있지. 어떤 사람들은 장애인을 표현하는 '장님', '벙어리' 같은 단어가 순수한 우리말이고 오랫동안 써 왔는데 뭐가 문제냐고 할 수도 있어. 하지만 시각 장애나 언어 장애를 가진 당사자들이 그 말로 인해서 상처를 받는다면 그 단어는 사용하지 말아야 하지 않을까?

우리가 장애에 대해 부정적인 말들을 내뱉지 않는다면, 장애에 대한 인식이 점점 개선될 거야. 지금부터라도 우리가 아무 생각 없이 사용하는 단어와 말에 누군가가 상처받을 수 있다는 생각을 해 보고 상대방의 입장에서 헤아려 보면 좋을 것 같아. 그런 마음들이 모이면 누군가를 차별하고 혐오하는 일들도 많이 줄어들지 않을까?

🔍 장애인 차별이란?

장애인 차별은 장애를 이유로 차별하는 거야. 장애인에게 폭력을 쓰거나 모욕을 주며, 건강권이나 교육권에서 소외시키는 것 등이 여기에 해당해. 이런 차별이 계속해서 반복적으로 일어나면 꼼꼼히 따져 차별한 사람을 처벌하기도 해. 2020년 보건 복지부 통계에 의하면 장애인의 80퍼센트 이상은 태어났을 때부터 장애인으로 태어난 것이 아니라 나중에 병이나 사고로 발생했대. 누구나 장애인이 될 수 있다는 뜻이야. 장애인 문제에 보다 관심을 가지면 좋겠어.

🔍 장애인을 낮추는 표현을 올바르게 바꾸어 보자!

장애인을 낮추는 표현		올바른 표현
정상인(장애인의 반대말로 사용하는)	→	비장애인
애자, 장애자, 불구자, 지체부자유아, 병신, 불구	→	장애인
앉은뱅이, 절름발이, 쩔뚝이, 반신불수, 외다리, 외발이, 외팔이, 꼽추, 땅딸보, 난쟁이	→	지체 장애인
벙어리, 귀머거리, 아다다, 말더듬이	→	청각 장애인, 언어 장애인
장님, 소경, 애꾸, 봉사, 외눈박이, 사팔뜨기, 사팔	→	시각 장애인, 저시력 장애인
정신 박약아, 등신, 또라이, 백치, 바보 천치, 얼간이	→	지적 장애인
미치광이, 정신병자, 미친 사람	→	정신 장애인
혹부리	→	안면 장애인
문둥이, 나병 환자	→	한센인

(출처: 국가인권위원회, 《언론인을 위한 장애인권 길라잡이》, 2012.)

02

외모로만
판단하지 말자!

피에트로 롱기
(Pietro Longhi, 1701~1785)

18세기 이탈리아에서 태어난 피에트로 롱기는 처음에 농민과 계급이 낮은 사람들의 생활을 그리다가 점차 베네치아 귀족 가문 사람들의 모습을 그리기 시작했습니다. 귀족 사회에서 일어나는 일상들을 매우 아름다운 그림체로 그려 냈는데 덕분에 당시 귀족들의 삶을 잘 알 수 있게 되었습니다. 대표작으로는 〈무용 수업〉 등이 있습니다.

실신
(The Faint)
1744년, 미국 워싱턴 국립 미술관

외모가 전부는 아니야!

아가씨, 지금도 충분해요. 더 잡아당기다 허리가 부서지겠어요.

좀 더 세게 당겨 봐!

18세기

내 친구 마가렛은 허리가 한 뼘이라고, 더 잡아당겨!

드디어 아름다운 목소리를 가진 가수의 얼굴을 공개합니다!

현대

야, 진짜 목소리 들을 때는 좋았는데.

신이 목소리만 주시고 외모는 안 주셨구나.

중세 유럽에서는 날씬한 허리를 가진 여성을 아름답다고 생각했대. 여성들은 이 아름다움을 유지하기 위해서 늘 허리를 조이고 다녔다나 봐. 허리를 조이는 '코르셋'이라는 도구는 처음에 천으로 만들어지기 시작했어. 하지만 시간이 지날수록 더 많이 조이기 위해 대나무나 철사같이 딱딱한 재료를 사용했다고 해. 가끔은 너무 허리를 조이다가 갈비뼈가 부러지기도 하고, 철사로 만든 코르셋이 부러지면서 몸을 찔러 목숨을 잃기도 했다지 뭐야.

앞에서 본 그림은 코르셋을 너무 꽉 조이는 바람에 카드놀이를 하다 기절한 귀족 여성을 그린 그림이야. 사람들은 기절한 여성을 꽉 조인 옷과 코르셋을 풀어 줘야 했어. 안 그러면 죽을 수도 있으니까 말이야. 이 그림에서도 그 장면을 그린 거야.

당시에는 코르셋뿐만 아니라 창백할 정도의 하얀 피부도 굉장히 유행했대. 하얀 피부를 갖기 위해서 당시 사람들은 수은이나 납처럼 아주 위험한 독 성분이 들어간 화장품이라도 사용할 수밖에 없었어. 그런 독한 물질들이 얼굴을 하얗게 해 준다고 믿었거든. 영국을 유럽의 최강국으로 만든 유명한 여왕인 엘리자베스 1세도 당시 저런 화장품들을 너무 많이 사용하는 바람에 수은 중독으로 사망했을 수도 있대.

이렇게 목숨을 걸고 아름다워지기 위해서 노력하는 것은 유럽뿐만이 아니었어. 중국에서는 아주 오래전부터 작은 발이 아름답다고 생

각했는데 이를 위해 어린 여자 아이의 발을 천으로 꽁꽁 동여맸어. 결국 손바닥보다 더 작은 발로 만들었대. 작은 발 한 쌍을 가지려면 한 항아리의 눈물을 쏟아야 한다는 말이 있을 정도로 고통스러운 일이었어. 이런 풍습은 '전족'이라고 불렸고 불과 100년 전까지도 이어져 왔대.

전족은 처음에 왕족이나 귀족들 사이에서만 유행했었는데 점차 평민들에게까지도 퍼졌어. 전족을 하는 과정이 너무나 고통스럽기도 했지만, 의학 기술이 많이 발전하지 않은 까닭에 많은 여자 아이들이 죽었어. 다행히 살아남았다 하더라도 평생을 고통 속에 살아갈 수밖에 없었지. 그 작은 발로 제대로 걷기도 힘들었으니 항상 지팡이를 짚고 다녀야 했어. 그러니 전쟁이 일어나거나 산불 같은 자연 재해가 일어나면 목숨을 많이 잃었다고 해.

외모를 가꾸지 않거나 멋진 외모를 가지고 태어나지 않은 사람들은 사회적으로 약자의 위치에 있었지. 그렇다면 지금 우리가 살고 있는 사회는 전족을 하고, 코르셋으로 여성의 몸을 조이던 시대와 얼마나 많이 달라졌을까?

"쟤는 저렇게 뚱뚱한데 왜 다이어트를 안 하는 거야? 보기 싫어."

"저렇게 못생긴 연예인은 왜 텔레비전에 나오는 거야?"

시간이 많이 흘렀지만 아직도 아름다움을 위해 본인의 몸을 함부로 다루고 있는 일들은 많이 일어나고 있지. 어떤 걸 그룹이 하루 동안 먹는 음식의 칼로리가 공개된 적이 있었어. 공개된 열량은 하루에 1,000칼로리가 되지 않았어. 보통 아동이 하루에 섭취해야 하는 열량이 2,000칼로리라고 해. 그런데 이에 비해 반도 안 되는 음식을 섭취하면서 밤낮으로 춤추고 노래하는 일정을 소화했던 거야. 성장기 청소년이 제대로 된 음식을 섭취하지 못하면 성인이 되어서 신체의 기능이 나빠질 확률이 높은데도 불구하고 걸 그룹 식단이 유행하는 다이어트 식단처럼 퍼져 나가기도 했지.

이제 외모에 대해 압박을 받는 건 여성뿐만이 아니야. 남성 역시 남성다워야 한다는 이유로 여러 가지 모습을 강요당하기도 해. "남자는 키가 커야지.", "남자 애가 뭐 그리 약하게 생겼어?" 등의 말을 하면서 말이야. 멋진 겉모습을 위해 위험을 무릅쓰고 얼굴이나 몸의 모양을 수술하는 사람들도 많아졌어. 그러다 목숨을 잃기도 한다는 점에서 예전과 별반 달라지지 않은 것 같아. 아름다움의 기준은 문화마다 시대마다 바뀌어. 자신을 아름답게 가꾸는 것도 좋지만 건강이나 목숨을 걸지는 말아야 해. 그리고 단지 누군가에게 아름답게 보이고 싶어서가 아니었으면 좋겠어. 자신의 몸을 사랑하는 마음이 우선이면 좋겠어.

겉모습보다 생명을 구하는 일이 더 중요해!

한국의 어느 항공사는 여성 승무원들에게 딱 달라붙는 짧은 치마와 구두만 착용하라고 한 적이 있었어. 그런 복장으로는 승무원으로서 승객 안전에 관련된 일들을 해내기란 어려웠지. 실제로 그 항공사의 비행기가 활주로에서 사고가 났어. 승무원들은 짧은 치마를 입은 채로 사람들을 구하기 위해 이리 뛰고 저리 뛰기 시작했어. 그 전부터 승무원들은 바지를 착용하게 해 달라고 회사에 요구했지만 받아들여지지 않았거든. 활동하기 수월한 바지였다면 더 많은 사람을 빨리 구할 수 있었을 거야. 다행히 지금은 치마, 바지 중에 원하는 복장으로 선택할 수 있어.

외모를 칭찬하는 게 왜 나빠?

"살 많이 빠졌네?", "머리 자르니까 더 예뻐졌다!" 이렇게 외모에 대해 칭찬하는 것도 누군가를 불편하게 하는 행동이야. 칭찬인데 뭐가 문제냐고? 상대방을 물건처럼 평가하는 거거든. 이런 분위기가 당연해지면 외모로 누군가를 즐겁게 해 줄 때만 쓸모 있는 사람으로 여겨져. 또 언제 어디서든 내 외모가 평가받을 수 있다는 생각에 예뻐야 한다는 강박이 생길 수 있어. 다른 사람이 좋아하지 않는다고 판단되는 내 신체를 사랑하지 않을 수도 있고. 유독 한국에서는 남녀노소를 불문하고 상대방의 외모에 대한 평가를 자주 하고 이에 대한 인식이 낮아. 외모 칭찬은 하지 않는 것이 좋아.

03

내 인권은
국가가 지켜요!

테오도르 제리코
(Théodore Géricault, 1791~1824)

격정적인 빛과 선명한 색채, 역동적인 표현으로 풍부한 감정을
그대로 살려 그림에 담아 내는 프랑스의 화가입니다. 그는 특히
이야기가 담긴 서사적인 그림들을 주로 그렸습니다. 특히 그의
대표작인 〈메두사의 뗏목〉은 예술가의 감정과 의지를 작품에
강하게 나타낸, 낭만주의 시대를 열어 준 그림이라는 찬사를 받
기도 했습니다.

메두사의 뗏목
(Le Radeau de la Méduse)

1818~1819년, 프랑스 파리 루브르 박물관

국가는 국민의 안전과
생명을 보호해요!

실시간 속보

애들 가여워서 어떡해.

자식 잃은 부모들은 또 어떻고.

세월호 사건 일어난 즈음

몇 주 뒤

세월호가 왜 국가 탓입니까?

자꾸 국가 탓 하는데, 다른 정당이 조종한 거 아닙니까?

맞아요. 보상금도 많이 받았다며.

돈 더 받고 싶어 그러나? 뭘 자꾸 기억하재.

국가는 국민의 안전과 생명을 보호할 의무가 있어요.

이런 사회적 재난이 다시 발생하지 않으려면 세월호를 오래 기억해야 한다고요!

잊지 않겠습 0416

굉장히 역동적인 그림 한 편을 감상해 보자. 프랑스의 화가 테오도르 제리코의 〈메두사의 뗏목〉이라는 작품이야. 그림 속 저 멀리 하늘에는 아직 폭풍우가 다 물러가지 않은 듯 구름이 가득 내려앉아 있어. 바다에서는 거센 파도가 솟아오르는 중이고, 뗏목 위에는 이미 죽은 듯 보이는 사람, 멍하니 정신을 잃은 사람, 적극적으로 구조를 요청하는 사람 등 다양한 사람들의 모습이 역동적으로 표현되어 있어. 이 그림의 제목이 '메두사의 뗏목'이라 처음에는 그리스 신화 속 인물인 '메두사'가 주인공인 줄 알았지 뭐야. 하지만 이 그림은 실제 있었던 끔찍한 사건을 그려 낸 작품이야.

1816년 프랑스의 군함인 '메두사호'가 난파했어. 이 이름도 거창한 메두사호는 아프리카 세네갈을 출발해 프랑스로 향하던 길이었어. 항해가 시작된 지 얼마 지나지 않아 그만 암초에 배가 걸려 완전히 부서진 거야. 이때 함선에서 제일 먼저 탈출한 사람은 선장과 높은 신분의 군인 장교들이었대. 비열하게도 그들은 150여 명의 선원과 승객들을 침몰하는 함선에 그대로 내버려두고 자기들만 구명정을 탔어. 나머지 사람들은 뗏목을 만들어 타야 했는데 선장은 뗏목을 끌어 주겠다고 해 놓고 심지어는 밧줄로 연결된 뗏목을 칼로 잘라 내기까지 했어. 자신들이 탄 구명정마저 침몰할까 무서웠던 거야. 저 그림에서 표현한 뗏목의 상황은 13일 동안 바다를 떠돌던 뗏목이 구조선을 발견하는 순

간이래. 더 충격적인 것은 메두사호가 그냥 배가 아닌, 국가에서 관리하는 군함이었다는 사실이야. 당혹스러운 사실은 또 있어. 나중에 열린 재판에서 사람들을 버리고 혼자 탈출한 선장은 고작 3년 동안의 형만 주어졌다고 해. 귀족이었기 때문에 높은 형벌을 받지 않았던 거지. 메두사호의 이야기를 담고 있는 이 그림 앞에서 세월호가 생각났어.

2014년 4월 16일 아침, 속보로 방영된 텔레비전 화면 안에서는 큰 배가 침몰하고 있었어. 전원 구조되었다는 소식을 전하면서 말이야. 아무도 그 뉴스를 의심하지 않았고, 수학여행을 간 수백 명의 학생들은 당연히 다 구조되었을 거라고 생각했어. 하지만 그날 저녁, 사람들은 망연자실했어. 진작에 구조되었어야 할 사람들이 배 밖으로 나오지 못했거든. 배를 책임지던 선장 및 관계자들도 가만히 대기하라는 방송을 한 뒤 자기들만 빠져나갔어. 구조 작업도 너무 허술했지. 하루 종일 배가 가라앉고 있는 상황이 모든 뉴스에서 실시간으로 중계가 되고 있었지만 웬일인지 구조 작업은 제대로 이루어지지 않았어. 시민들의 안전권과 생명권을 지키기 위해 힘써야 할 국가가 적절한 대처를 못 하는 것 같았어. 한국 정부는 200년 전 아프리카 세네갈 앞바다에서 난파한 메두사호처럼 결국 시민들을 구하지 못했어.

처음에 국민들은 세월호 사건에 대해 너무 슬퍼했지만, 시간이 지날수록 상황은 조금씩 변하기 시작했어. 세월호 사건의 진상을 밝히라고 요구하는 유가족을 비난하는 사람들이 늘어났지. 세월호 사건은 단순한 교통사고인데 국가한테 왜 책임을 묻느냐는 말도 나왔어.

국가는 국민의 기본권을 확인하고 보장해야 하는 명백한 의무가 있다는 것을 혹시 알고 있니? 이 당연한 국가의 의무는 대한민국의 최고법인 〈헌법〉에 나와 있어. 때문에 대한민국의 모든 법률과 규정들은 이 내용을 위반해서는 안 돼. 대한민국 〈헌법〉 제10조에는 '모든 국민은 인간으로서의 존엄과 가치를 가지며, 행복을 추구할 권리를 가진다. 국가는 개인이 가지는 불가침의 기본적 인권을 확인하고 이를 보장할 의무를 진다.'라고 명백히 적혀 있지.

〈세계 인권 선언문〉 제3조에도 '모든 사람은 생명과 신체의 자유와 안전에 대한 권리를 가진다'라고 되어 있어. 재난은 언제 어떻게 발생할지 아무도 알 수가 없어. 또, 재난을 국가가 일부러 일으키는 것도 아니야. 하지만 재난이 발생했을 때 모든 사람을 최대한 보호하고, 살아남을 수 있도록 노력해야 하는 책임은 앞서 봤듯이 국가에게 있는 거야.

예를 들어 여러분이 학교 가는 길에 신호등이 고장 나면 사고의 위험이 있을 수밖에 없어. 고장 난 신호등을 고쳐야 하는 의무는 누구에게 있다고 생각해? 만약에 고장 난 신호를 믿고 횡단보도를 건너다가 사고가 나서 다치기라도 한다면? 신호등을 고쳐야 하는 것은 경찰이나 혹은 국가 기관의 담당 부서에서 할 일이지. 고장 나지 않도록 점검하는 일 또한 국가의 의무야.

꼭 기억했으면 좋겠어. 우리가 가진 인권, 생명을 지켜 주고 사람들의 안전을 지켜야 하는 의무는 국가에게 있다는 것을 말이야.

🔍 이태원 참사에서는 안전권을 보장받지 못했어!

이태원 참사는 세월호 사건과 더불어 한국에서 일어난 역대 최대 규모의 인명 사고 사건이야. 핼러윈 축제를 즐기려고 모인 수많은 사람들이 좁은 골목에 한꺼번에 몰리면서 벌어졌지. 외국인을 포함 300명이 넘는 사람들이 다치거나 목숨을 잃었어. 현장에서 사람들을 제대로 통제했더라면 이렇게까지 큰 사고가 발생하지는 않았을 거야. '안전'이란 '위험이 생기거나 사고가 날 염려가 없는 상태'를 뜻해. 〈국제 인권 규범〉은 생명권과 신체의 자유와 안전에 대해 명백히 밝히고 있어. 〈세계 인권 선언문〉 제3조에는 '모든 사람은 생명과 신체의 자유와 안전에 대한 권리를 가진다'라고 명확하게 적혀 있지. 안전권을 보장하기 위해서는 재난과 참사의 실체와 원인을 밝히고 재발을 방지하는 것이 중요해. 또 그 과정에서 피해를 입은 모든 이들이나 공동체가 회복할 수 있도록 노력을 기울여야 하지.

🔍 생명권이란 무엇일까?

생명권은 가장 원초적인 기본권이라고 할 수 있어. 일단 생명을 보장받을 수 있어야 다른 권리를 요청할 수도 있는 거니까. 생명권이 보장되지 않은 상황에서 다른 기본권을 인정한다는 것은 사실상 의미가 없지. 〈국제 인권 규범〉, 〈세계 인권 선언문〉, 〈자유권 규약〉 등에서도 생명권을 가장 기본으로, 우선해서 밝히고 있어. 다른 권리와 부딪히는 상황에 맞닥뜨릴 때도 가장 먼저 고려해야 할 권리로 해석되지.

04

세상의 모든 사람이
평등하면 좋겠어!

페테르 파울 루벤스
(Peter Paul Rubens, 1577~1640)

이탈리아를 중심으로 활동한 17세기 유럽의 대표적인 화가입니다. 그의 작품은 빛나는 색채와 생생하고 역동적인 표현이 매력입니다. 주로 종교에 관련된 그림과 사실을 근거로 한 역사화를 그렸습니다. 대표적인 작품으로는 〈최후의 만찬〉, 〈십자가에서 내려지는 그리스도〉 등이 있습니다.

한국 옷을 입은 남자
(Man in Korean Costume)

1617년경, 미국 로스앤젤레스 폴 게티 미술관

누구나 차별받지 않는 곳에서
살고 싶어 해!

초상화를 그리시겠다고요? 싼 가격이 아닌데 괜찮으시겠소?

루벤스

장사로 돈은 꽤 벌었습니다.

그런데 옷차림이 참 특이하오. 어디서 온 사람이오?

조선이라는 나라에서 왔지요. 떠나온 지 10년도 훨씬 넘었군요.

그래도 내 소원은 다시 조선으로 돌아가는 것입니다.

여기서 돈도 많이 벌었으니 좋으시겠소.

고향으로 돌아가 사랑하는 가족들과 친구들과 함께 지내고 싶어요.

앞에서 본 그림은 17세기의 유명한 화가인 페테르 파울 루벤스가 그렸어. 그런데 그림 속 이 사람 어딘가 좀 친근하지 않아? 그렇지. 한복처럼 보이는 옷을 입은 동양인이 주인공이야. 사람들은 이 그림의 제목을 〈한국 옷을 입은 남자〉라고 했어. 그런데 400년도 훨씬 전의 조선 시대 사람이 어떻게 이탈리아 화가의 그림의 주인공이 되었을까? 궁금하지 않아? 많은 사람들은 이렇게 추측했다고 해.

1592년 일본이 조선을 침략했어. 일본 사람들은 조선 사람들을 죽이고, 논과 밭을 불태우기도 했고 조선 사람들을 잡아가서 여러 나라에 노예로 팔기도 했었대. 이렇게 강제로 여러 나라에 노예로 팔려간 사람들 중 몇몇은 아주 먼 유럽 땅으로까지 팔려 가기도 했다는 거야. 실제 역사서에도 다섯 명의 조선인들이 포르투갈 노예 상인에 의해 팔려 갔다고 기록되어 있어.

여기서 우리가 상상력을 조금 더 보태 볼까? 그렇게 팔려 간 사람들 중에는 아마 이탈리아까지 건너간 사람이 있었던 거야. 그 당시 이탈리아는 말이야 르네상스가 거의 완성된 시기였어. 르네상스란 신을 중심으로 살다가 이제는 사람을 중심으로 살아 보자는 문화 운동이었어. 그러다 보니 조각이나 미술 공예, 건축물까지, 종교적인 것뿐 아니라 상상에 제한을 받지 않고 아름답게 표현할 수 있는 상황이 되었지. 많은 사람들이 이탈리아로 모였고, 도시가 발달하게 되었어. 도시가 발달했다는 것은 교통과 상업이 발달했고 여러 신분, 여러 나라 사람들과 민족들이 다 모였다는 거지. 그러다 보니 조선에서 어찌저찌해서 노예로 팔려 간 사람들 중에서도 장사나 무역을 해서 성공한 사람이 있었겠지? 돈을 벌어서 부자가 되었을지도 모르지. 그 돈으로 그는 고향을 그리워하면서 한복을 곱게 꺼내 입고는 초상화를 그려 달라고 루벤스에게 요청했을지도 몰라.

이처럼 어떠한 이유였든지 간에 우리 역사에서 사람들은 한반도라는 땅 안에서만 머물지 않았어. 아주 오래전부터 수많은 사람들이 이 땅을 떠나 다른 곳에서 머무르기도 했고, 반대로 다른 먼 나라의 사람들도 이 땅으로 들어와 머무르기도 했지.

삼국 시대에도 중국이나 인도까지 오가며 무역을 했다는 기록이 있어. 그뿐일까? 우리 할아버지와 할머니가 젊었던 시절, 한국의 수많은 청년들이 외국으로 나가서 일을 했었어. 1970년대에는 많은 간호사와 광부가 독일에 가서 일을 하고 그 돈을 한국으로 보냈지. 2만 명 가까운 사람들이 독일에 가서 일을 했다고 해. 그리고 사우디아라비아의 뜨거운 사막으로도 수많은 한국 사람들이 일을 하러 갔어. 얼마 전까지만 해도 한국의 사람들은 독일과 사우디아라비아에서 외국인 노동자였어. 물론 지금도 전 세계 곳곳에서 한국 사람들이 일하고 있어.

한국에도 일하기 위해 건너온 외국인 노동자들이 많아. 아마 학교

에도 다른 나라에서 온 부모님을 둔 친구들이 많을 거야. 이제 한국은 전 세계 사람들이 함께 어울려서 살아가는 곳이 된 거지.

그렇다면 한국에서 태어나고 자란 사람들은 외국인 노동자들을 어떻게 대우하고 있는 것 같아? 뉴스에서 외국인 노동자에 대한 부당한 차별을 한 사건에 대해 들어 본 적 있지? 농촌으로 일하러 온 외국인 노동자들에게 비닐하우스를 숙소로 제공해 추운 겨울, 이곳에서 잠을 자다가 얼어 죽었던 사건도 있었어. 공장에서 일하는 외국인 노동자들의 환경도 썩 좋지는 않았어. 다쳐도 제대로 치료받을 수 없고, 혹시 다른 일자리를 구해서 떠날까 봐 그들의 여권을 빼앗기도 했대. 과

연 한국 국적을 가진 노동자들에게도 이렇게 할 수 있었을까?

우리 조상님들이 다른 나라에 가서 생김새와 문화가 다르다는 이유로 차별을 받거나, 멸시를 받았다고 생각하면 기분이 어떨까? 사실 독일에 간호사나 광부로 일하러 갔던 이들의 이야기를 들으면, 독일 사람들이 힘들고, 지저분하거나 위험해서 하지 않는 일들만 한국 사람들에게 시켰다고 해. 이런 이야기들을 들으면 화나지 않아? 그런데 우리는 한국에 머무르고 있는 외국인 노동자들이 차별받는 것에 대해 별로 심각하다고 생각하지 않는 것 같아. 인권은 말이야 어느 나라에서 왔던지, 어떤 민족이든, 아니면 어떤 피부색인가가 중요하지 않아. 가장 중요한 것은 이 땅에 있는 동안 한국 국민과 차별받아서는 안 된다는 거지. 시대와 장소를 떠나 똑같은 노동자이고 사람이니까. 한국 정부가 해야 할 일 역시 노동자라면 모두가 동등하게 대우받을 수 있도록 법과 제도를 만들어야 하는 거야. 이것이야 말로 바로 인권과 모든 사람의 노동권을 지킬 수 있는 일이지.

🔍 독일로 보내진 한국의 광부와 간호사는 어떻게 지냈을까?

1960~1970년대에 박정희 대통령이 나라를 통치하던 시기, 정권은 외화를 벌기 위해 한국 노동자들을 외국에 보냈어. 특히 독일로 한국의 많은 노동자들이 일을 하러 갔어. 주로 간호사와 광부였고 수만 명이 독일로 떠났지. 그런데 그곳의 노동 환경이 매우 열악했어. 가령, 간호사들의 경우 맥박을 체크하거나 환자의 상태를 기록하는 일을 했던 것이 아니라 독일인들이 기피하던 환자의 대소변 정리나 매끼 식사 챙기는 일을 했다고 해. 광부들 역시 1,000미터가 넘는 지하 갱도 끝까지 내려가 중노동에 시달렸대. 여기에 독일인들의 인종 차별까지 감내해야 했으니 매우 힘든 상황에서 노동했음을 짐작할 수 있지.

🔍 한국에서 일하는 외국인 노동자들은 어떻게 살고 있을까?

한국에서 현재 외국인 노동자 수는 약 100만 명 정도(출처: 법무부 이민자 통계)라고 해. 국내에서 머물고 있는 외국인의 절반 가까이나 되지. 이들은 한국인들이 꺼리는 힘든 노동을 하는 공장이나, 농촌 지역 중심으로 활동하고 있어. 문제는 이들에게 한국의 제도가 평등하지 않다는 거야. 그들이 내는 의료 보험료는 한국 국민들에 비해 몇 배나 더 비싸고, 병원비도 더 비싸게 지불해야 해. 그러다 보니 아파도 병원을 못 가는 외국인 노동자들이 많대. 또 외국인 노동자의 절반 정도는 불법으로 지어진 허름한 건물이나 임시 숙소에서 지낸다고 해. 사실 한국 사회 곳곳에 외국인 노동자가 없으면 유지되기 어려운 곳이 많아. 우리 모두 동등한 사람으로서 서로를 믿고 존중하면서 살아가야 하지 않을까?

05

누구나
노인이 돼!

쿠엔틴 마세이스
(Quentin Massys[Matsys, Metsys],
1465~1530)

쿠엔틴 매치스, 메시스라고도 불리는 플랑드르의 화가입니다. 플랑드르는 지금의 벨기에와 네덜란드를 걸친 지역입니다. 초반에는 종교적인 그림과 초상화를 주로 그렸고 두각을 나타냈습니다. 그러다 점차 현실의 부정적인 모습을 꼬집고 비웃는 풍자 그림을 많이 그렸습니다. 특히 세세하고 정밀한 묘사로 인정받았습니다.

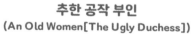

추한 공작 부인
(An Old Women[The Ugly Duchess])
1513년, 영국 런던 내셔널 갤러리

존중받은 어린이가 자라
존중받는 어른이 돼!

별로 좋은 표현은 아니야. 노인은 출입하지 말라는 뜻이지.

'노 시니어 존'이 뭐예요?

그럼, 저번에 우리, 카페에 가려다 '노 키즈 존'이라 못 간 적 있었지? 그때 기분은 어땠어?

아, 나도 할머니, 할아버지들이 시끄럽게 떠들고 소리 지르시는 거 싫은데.

노 시니어 존
No Senior

별로 안 좋았죠. 나는 떠들거나 사고치는 어린이가 아니란 말이에요.

마찬가지야. 노인이기 때문에, 아이이기 때문에 들어올 수 없다고 하는 건 차별이야.

앞에서 본 그림은 네덜란드의 화가 쿠엔틴 마세이스가 그린 노인의 모습이야. 이 그림을 그린 화가는 그림 속 여성 노인을 어떤 마음으로 바라보고 그렸을까? 자상한 할머니? 심술궂은 할머니? 그림을 살펴보면서 화가의 마음을 한번 짐작해 볼까?

먼저, 그림 제목이 〈추한 공작 부인〉이라고 되어 있는 것을 보니 좋은 마음으로 바라보고 그린 건 아닌 것 같아. 그림을 더 자세히 들여다볼까? 작품 속 노인은 험상궂은 얼굴에 주름까지 가득해. 노인이 입고 있는 옷은 요즘으로 치면 젊은 여성들 사이에서 한창 유행하는 최신식 옷이었대. 화가는 '늙고 못생긴 여자가 나이에 어울리지 않게 아름다워 보이려고 노력을 하네' 정도의 마음을 가지고 그린 것 같아. 일부러 더 추하게 그리고 제목도 그렇게 정한 거지. 서양의 그림에서 노인의 자화상이 잘 없기도 하지만, 있어도 노인을 아름답게 그리는 경우는 별로 없어. 그림에 가끔 나타나는 아름답고 신성해 보이는 노인은 신화 속의 신들이나 성경 속 이야기들 중 주인공들이 대부분이야.

그런데 45쪽에 노인을 그린 또 다른 그림이 하나 있어. 앞의 그림과 한번 비교해 볼까? 안나 도로테아 테르부슈(Anna Dorothea Therbusch)라는 여성 화가가 자신의 노년의 모습을 그린 자화상이야. 두 화가 모두 나이 든 여성을 그렸지만 느낌이나 분위기가 확연히 다르지? 화가가 살던 유럽의 18세기는 남녀 차별이 심했던 시대였어. 그런 환경에서 여성 화가 스스로 자신을 저렇게 멋있고 당당하게 그려 낸 사실은 매우 대단하다고 볼 수 있어. 실제로 그는 여성 최초로 미술 아카데미에 입학했을 정도로 자신 있게 삶을 살았던 사람이었어. 그림을 봐! 멋지게 차려입은 나이 든 여성이 손에 책을 들고 있어. 그런데 어딘가를 멍하니 응시하는 것이 아니라, 그림을 보는 사람의 눈을 똑바로 쳐다보고 있어. 다리 모양도 그 당시 여성에게 요구된 다소곳한 모양새가 아니라 한쪽 다리는 어딘가에 걸치고 있잖아. 화가는 자신이 여성이고 늙었지만, 그것이 부끄럽거나 잘못된 것이 아니라는 듯 당당하게 그려 냈어.

그럼 지금 한국 사회에서 우리는 노인에 대해 어떻게 생각하고 있을까? 우리 주변엔 가족인 할머니, 할아버지도 있을 테고, 다정하고 자상한 노인 분들도 있을 텐데 우리가 접하는 말에는 노인을 혐오하는 내용이 많은 것 같아. 틀니를 딱딱거린다는 뜻의 '틀딱'이니, 시끄럽게 말한다는 뜻의 '할매미' 같은 나쁜 용어들을 만들어 사용하고 있어.

노인들을 차별하는 사람들에게 이유를 물어 보면 노인들이 잔소리가 심하고 다른 사람을 함부로 대해서라고 해. 물론 노인들 중에도 예의 없이 상대방에게 함부로 하는 사람들이 있지. 하지만 몰상식한 몇몇 노인들의 모습을 노인 전부의 모습이라고 단정 지으면 안 되잖아?

이렇게 직접적으로 노인을 혐오하는 표현을 쓰는 것 말고도 우리

안경을 쓴 자화상
(Self-portrait with Monocle)

1777년, 독일 베를린 올드 내셔널 갤러리

사회에는 노인을 차별하는 것들이 너무 많아. 스마트폰 사용이 서툰 분들은 기차표를 구하지 못하기도 하고, 식당에서도 이제 종업원 대신 키오스크라는 기계가 생기면서, 기계에 서툰 노인들이 제대로 사용하지 못하는 경우도 발생하고 있어. 노인의 수는 점차 늘고 있지만 사회적 약자의 처지에 놓이고 있지.

최근 '노 키즈 존'이라는 게 생겼어. 처음 생겼을 때는 아이들이 위험하거나 다칠 수 있어서 출입을 제한했던 거야. 그런데 이제는 아이들이 시끄럽게 떠들고 뛰어다닌다는 이유로 아이들의 카페 출입을 제한한 거지. 모든 아이들이 시끄럽게 떠들면서 남들에게 피해를 주는 건 아니야. 아마 일부였겠지? 노인들도 마찬가지라는 생각이 들어. 노인 전체, 어린이 전체의 문제가 아니라 개개인의 성격이나 상태의 문제지.

노인을 어린이나, 청년처럼 그 나이에 맞는 적절한 대접을 받아야 하는 사람이어야 한다고 생각하면 좋겠어. 어린이들이 성장 과정에 있어서 성인들보다는 좀 더 보호받아야 할 권리가 있는 것처럼, 노화 과정에 있는 노인들도 노인의 상황에 맞는 적절한 대접을 받아야 하는 존재야. 잊지 마. 우리 모두가 노인이 된다는 사실을. 지금의 우리가 소중하고 존엄하듯이 먼 훗날 노인이 된 우리도 당연히 소중하고 존엄해야 하지 않겠어?

🔍 노인 인권이란?

오늘날 전 세계 인구의 연령대가 높아지고 있어. 과학이 발전하면서 사람의 수명이 늘어난 것도 한 원인이지. 이를 '인구 고령화'라고 해. 이런 사회적 현상과 더불어 노인 인권이 점차 중요한 사회 문제가 되었어. 현재 노인 인권에 대해 분명히 드러낸 법적 규정은 없어. 그러나 좁은 의미로는 사회적 약자인 노인이 학대받지 않을 권리에서부터, 넓은 의미로는 나이 차별 없이 적극적으로 사회에 참여할 권리에 이르기까지 드넓은 개념으로 해석할 수 있지. 국가 인권 위원회에서 발간한 《노인 인권 종합 보고서》(2018)에서는 노인 인권을 '노인이 존엄을 지키며, 노후의 생활을 인간답게 영위하는 데 필요한 모든 권리'로 정의하고 있어.

🔍 사회적 약자란 무엇일까?

사회적 약자란 사회적으로 소수인 집단을 의미해. 여기서 '소수'란 단순히 적은 숫자를 뜻하는 게 아니야. 예를 들어 남아프리카 공화국에서는 흑인의 숫자가 절대적으로 많지만 소수의 백인이 권력을 가지고 있던 나라였어. 그러면 그 당시 상대적 약자, 사회적 소수자는 흑인이 되는 거야. 그러니까 권력을 많이 가진 사람들보다 상대적으로 적은 권력을 가진 집단이라고 이해하는 게 정확해. 사회적 약자는 시대와 장소에 따라 달라지기도 해. 예를 들어 한국에서 사회적 약자였던 이주 노동자는 자신의 나라로 돌아가면 사회적 약자에서 벗어날 수 있어. 그리고 사회적 약자가 아니었던 한국 사람도 이민을 가면 사회적 약자가 될 수도 있지.

06

약자에게
날씨는 더
가혹해!

클로드 모네
(Claude Monet, 1840~1926)

프랑스 출신 화가로 인상파라는 표현 양식을 창조해 냈습니다.
같은 장소, 같은 대상이라 하더라도 계절에 따라 하루 중의 시
간에 따라 바뀌는 색채와 감각을 나타내는 표현 방법입니다.
'빛은 곧 색채'라고 말했습니다. 빛에 따라 색이 달라지는 수련
을 연속으로 그린 〈수련〉 연작이 가장 대표적인 작품입니다.

흐린 날의 워털루 다리
(Waterloo Bridge, Gray Day)
1903년, 미국 워싱턴 내셔널 갤러리 오브 아트

지구는 하루하루
더 뜨거워지는 중

그림에 등장하는 곳을 한번 맞춰 볼까? 너무 흐려서 잘 보이지 않는다고? 힌트를 주자면 영국에서 가장 유명한 강에 있는 다리야. 정답은 영국의 템스강에 있는 워털루 다리. '빛의 화가'라고 불리는 클로드 모네라는 화가가 그린 그림이지. 모네는 빛에 따라 다르게 보이는 장면을 묘사하기 위해서 같은 장소나 물체를 여러 장 그리는 화가였어. 이 그림도 그런 그림들 중 하나인데 언뜻 보면, 안개가 자욱한 아침의 어느 환상적인 강과 다리가 있는 풍경 같지 않아? 그런데 사실 이 그림은 희부연 연기와 매연으로 가득 찬 하늘과 전혀 맑아 보이지 않는 템스강의 물을 표현한 그림이야. 오염된 템스강을 몽환적으로 잘 묘사했다는 평가를 받아.

모네가 활동했던 시절의 영국을 좀 이야기할 필요가 있어. 그때는 산업 혁명이 절정이었지. 누구나 공장을 지을 수 있었고, 물건을 많이 생산할 수 있었어. 산업 혁명이 일어나면서 증기 기관이 발명되고 대량 생산이 가능해졌거든. 예전에는 손으로 하나하나 작업하며 하루 종일 물건 하나를 만들 수 있었다면, 산업 혁명 이후로는 기계로 하루에 수백 개의 물건을 만들 수 있었지. 그렇게 생산된 물건들은 영국의 많은 식민지로 팔려 나갔기 때문에 물건을 많이 생산할수록 영국은 부자 나라가 되었어. 환경 오염 따위에는 크게 신경 쓰지 않았지.

공장을 돌리기 위해 어마어마한 양의 석탄을 태워야 했고 매연이

엄청나게 발생했지. 매캐하고 검은 가스와 수증기가 섞여 앞이 하나도 보이지 않을 때가 많았어. 어떤 날은 너무 심각해서 30센티미터 앞도 보이지 않아 사람들이 전차에 치여 사망하는 사고도 많았대. 오염된 것은 공기뿐만이 아니었어. 템스강의 물은 공장에서 나오는 오염 물질과 사람들이 마구 버려 대는 생활 폐수로 인해서 물고기가 단 한 마리도 살 수 없는 죽음의 강이 되었지. 그러다 보니, 모네가 그린 그림은 모네가 의도하지는 않았겠지만 그 당시 영국의 환경 오염을 여실하게 표현해 주는 그림이 된 거지. 공장 굴뚝에서는 유독 가스가 하루 종일 뭉실뭉실 뿜어져 나오고, 거리는 유독 가스와 안개, 수증기가 범벅이 되어 한 치 앞도 보이지 않아. 강은 맑은 물빛이 아닌 진한 녹색과 회색이 뒤섞여 죽은 듯한 느낌이야.

결국 1952년 영국에서는 최악의 스모그, 그러니까 매연과 안개가 뒤섞이는 공기 오염 현상으로 인해 수천 명이 목숨을 잃게 되지. 1956년 영국 의회는 다시는 이런 환경 오염이 일어나지 않아야 한다며 '청청 대기법'이라고 하는 환경과 관련한 법을 만들었어. 물론 법을 만든다고 바로 환경이 좋아질 수는 없어. 원래의 자연 상태로 되돌리기 위해서는 꽤 많은 시간이 걸리거든. 1974년이 되어서야 드디어 물고기가 템스강으로 돌아왔다고 해. 지금의 템스강은 백조, 물고기, 그리고 사람들까지 함께 어울려 놀 수 있는 친환경적인 장소가 되었지.

　한국도 환경 오염에서는 자유롭지 않은 나라 중 하나야. 100년도 전에 모네가 그린 저 그림이 우리에게 낯설지 않으니까. 봄이면 어김없이 한국을 뒤덮는 황사나 미세 먼지를 봐. 당시 영국이 오염된 공기와 템스강을 살리는 데 100년의 시간이 걸렸다면 지금은 더 많은 시간이 걸릴 거야. 전 세계 거의 대부분의 지역에서 환경 오염이 발생하고 있기 때문이야. 예를 들면, 중국에서 발생한 황사와 매연이 바람을 타고 한국으로 건너와서 사람들을 아프게 하잖아. 또, 우리가 쓰고 버린 플라스틱들이 잘게 부서져 바다로 가고 해류를 타서 전 세계의 먹거리

에 안 좋은 영향을 미치고 있어. 어느 나라 하나만의 잘못이 아니라 금방 고칠 수 있는 상황이 아니라는 말이야. 모든 나라와 모든 사람들이 환경을 오염시키고 있고, 또 그 피해 또한 모두에게 돌아가고 있는 상황이야.

이런 상황이 오래 지속되면 어린이들의 피해가 가장 심각해. 어른들에 비해 면역력이 약하니까. 유니세프 보고서에 따르면 환경 오염으로 인해, 매년 납 같은 유해 물질에 중독되는 어린이의 수는 8억여 명, 전염병에 걸리는 수는 6억여 명, 폭염에 시달리는 수는 8억 2천여 명, 대기 오염에 노출되는 어린이들의 수는 10억 명에 이른대.

어린이에게는 당연히 안전하게 자랄 권리가 있어. 하나밖에 없는 지구이기 때문에 앞으로 어린이들이 자라고 활동할 터전인 지구의 환경을 깨끗이 해 달라고 주장할 수 있는 권리도 당연히 어린이들에게 있는 거야. 오늘부터라도 지구를 위해 우리, 그리고 어른들이 함께 할 수 있는 활동들을 하나하나씩 찾아보면 어떨까? 이런 활동들이 우리가 깨끗한 환경에서 살아갈 권리를 찾아가는 활동이 될 수도 있을 것 같아. 모네의 〈흐린 날의 워털루 다리〉 같은 그림이 다시 그려지지 않기를 바라면서 말이지.

🔍 기후 위기와 인권이 무슨 상관이 있을까?

기후 위기가 인권과 무슨 상관이 있나 싶겠지만 기후 위기로 인해 인간의 권리인 환경권, 생명권 등이 침해되는 일들이 발생하기 때문에 인권 문제라고 볼 수 있어. 기후 위기로 생긴 재난은 성별, 인종, 계급, 직업, 거주지 등에 따라 피해의 정도가 달라. 기후 재난의 피해는 노인, 택배나 배달을 하는 이동 노동자, 빈곤층 등 주로 사회적 약자에게 집중되는 경향이 있어. 가령, 기후 위기로 인해 식량이 부족해지는 문제가 닥치거나 식량 생산 비용이 늘어나면 가난한 이들이 가장 먼저 피해를 입거든. 기후 위기가 닥치면 어린이들에게도 인권 문제가 생겨. 홍수가 나는 경우 어린이들은 학교를 갈 수 없고 깨끗한 물을 먹을 수도 없으니까.

🔍 환경권이란 무엇일까?

환경권은 건강한 환경에서 살 권리야. 국제 평화 기구인 유엔은 1972년 스웨덴 스톡홀름에서 유엔 인간 환경 회의를 열고 〈인간 환경 선언〉을 채택했어. 이 선언은 자연 환경이 생명권을 포함해 기본적인 인권을 누리는 것에 핵심이라는 점을 강조했고, 각국에서 환경권에 관한 본격적 논의와 법 만드는 일을 활발하게 했어. 1976년 포르투갈이 세계 최초로 '건강하고 생태적으로 균형적인 인간 환경에 대한 권리'를 헌법상의 권리로 확립했어. 현재는 환경에 대한 권리를 헌법에 명시한 국가들이 전 세계적으로 100개국이 넘지. 대한민국 〈헌법〉 제35조에도 환경권이 명확하게 적혀 있어.

07

힘 없는
아이들에게
강제 노동은
이제 그만!

플로리스 아른트제니우스
(Floris Arntzenius, 1864~1925)

인도네시아 자바섬에서 태어난 네덜란드의 화가입니다.
일러스트, 판화, 수채화 등을 그렸는데 그중에서도 특히
수채화를 잘 그렸습니다. 그는 자신이 살던 헤이그의 거
리 모습을 주로 그렸으며 〈성냥팔이 소녀〉도 그 길 어딘
가에 서 있던 소녀를 그린 것입니다.

성냥팔이 소녀
(Lucifermeisje)

1890년, 네덜란드 헤이그 역사 박물관

성냥팔이 소녀들은 진짜 존재했어!

동화 《성냥팔이 소녀》를 알고 있니? 덴마크의 동화 작가 안데르센이 쓴 이 이야기는 추운 겨울, 한 가난한 소녀로부터 시작되지. 집에는 술주정뱅이에 폭력을 휘두르는 아버지가 있었어. 소녀의 집은 너무 가난했기 때문에 굶지 않으려면 돈을 벌어야 했어. 때문에 소녀는 눈이 펑펑 오는 겨울날 신발도 제대로 신지 못하고 밖에 나가서 성냥을 팔아야만 했어. 그러나 성냥은 팔리지 않았고, 소녀는 너무 추워서 성냥에 불을 붙였어. 그러자 갑자기 따뜻한 집이 나타났어. 성냥이 꺼지고 두 번째 성냥에 불을 붙이자 이제는 먹을 것이 가득 나타나고, 세 번째 성냥에 마지막으로 불을 붙였을 때는 돌아가신 할머니가 천사가 되어 나타났다고 해. 그러나 이 모든 것은 소녀가 본 환상이었고 다음 날 소녀는 눈이 펑펑 내린 거리에서 쓰러진 채 발견되는 슬픈 이야기야.

모두 이 동화를 한 번은 듣거나 읽어 보았을 거야. 실제로 19세기 유럽에서는 많은 아동들이 노동을 했어. 많은 사람들이 도시로 모이는 통에 일할 곳이 없어서 가난했거든. 누구라도 무슨 일이든 해야 굶지 않았어. 보통 여자 아이들은 성냥 공장에서 일했고, 남자 아이들은 굴뚝 청소 같은 일을 하며 돈을 벌어야 했지.

아주 적은 수의 부자들이 돈을 계속해서 벌어들이는 반면, 수많은 가난한 사람들은 아주 적은 돈을 벌어 저축은커녕 하루하루 살아가기도 힘들었어. 그러나 국가는 가난한 사람들의 삶에는 관심이 없었지.

부자들은 더 많은 돈을 벌기 위해
더 큰 공장을 만들고 더 많은
물건을 생산했어. 부자들은 탐욕을
좇으며 어린아이들을 고용해서 적은
돈을 주고 일을 시키고, 함부로 대하며,
병들면 쫓아냈지. 그래도 아무
도 문제 삼지 않았어. 어린아
이들을 일터로 보내는 집은
가정 형편이 좋지 않았기 때문
에 일터에서 아이들이 억울한 일을
당해도 불만을 제기하지 않았거든.

　　플로리스 아른트제니우스가
그린 그림 속 소녀 역시 성냥 공장
에 일하러 갔을 거야. 당시 성냥 공장
의 노동 환경은 목숨을 잃을 만큼 위험한
곳이었어. 당시 성냥은 '백린'이라는 아주 위험한 물질을 이용해서 만
들었거든. 지금은 폭탄 제조에 사용되는 재료이기도 해. 백린 폭탄은
너무 강력하고 위험해서 전쟁과 관련한 국제 협약(제네바 협약)에서 사
용을 금지했을 정도니까 말이야. 그런 백린을 어린 여자 아이들이 안

전 장비도 하나 없이 맨손으로 만졌다면 믿어지니?

백린을 맨손으로 만지면 시간이 지나면서 턱뼈가 녹아내리는 병을 앓게 된대. 그렇게 되면 이가 하나둘씩 빠지게 되거든. 아침마다 공장의 관리자들은 출근하는 여자 아이들의 이를 검사했어. 아이들을 함부로 부리면서도 아이들이 일하다 다치거나 병들었다는 소문이 공장 밖으로 새어 나가는 것은 싫었던 거야. 공장 관리자들은 이가 빠진 아이들을 발견하면 바로 쫓아냈어. 월급 대신 성냥 한 묶음을 주면서 말이야.

그림 속의 소녀가 잔뜩 웅크린 채 턱을 숨기고 있는 모습은 백린 때문에 부서진 턱을 감추기 위해서였지 않을까. 다행이라면 지금은 아동 노동이 대부분의 나라에서 법으로 엄격히 금지되어 있어. 국제 노동 기구(ILO)는 전 세계 사람들이 안전하게 노동할 수 있는 권리를 지켜 주기 위해 만들어진 국제 기구야. 이곳에서 전 세계 여러 국가들이 모여 서로 약속을 했어. 그중 하나가 13세 미만 어린이의 노동이나 어린이의 안전을 위협하는 노동을 금지하는 거야.

어린이의 권리를 지켜 주는 국제 협약인 〈유엔 아동 권리 협약〉 제32조에서도 '모든 아동은 경제적으로 착취당해서는 안 되며, 건강과 발달을 위협하고 교육에 지장을 주는 유해한 노동으로부터 보호받아야 한다'고 약속하고 있어. 하지만 슬프게도 여전히 어린이들이 강제로 일터에 나가 노동하는 나라가 있어. 어떤 나라에서는 아이들이 학교도 가지 못한 채 하루 종일 축구공을 꿰매고 카펫을 만들어. 또 어떤 나라에서는 카카오 농장 같은 데에 노예로 팔려 가는 소년들도 있어. 물론 그 아이들이 일하는 일터는 안전하지 않아.

어린이는 단순히 나이가 어리다는 이유만으로 함부로 다뤄져야 하는 존재가 아니라는 것을 기억하면 좋겠어. 전 세계의 여러 나라들이 어린이 노동을 금지하는 약속을 하고 실천하려는 이유는 어린이가 성인으로 성장하기 위해서는 적절한 대우를 받아야 한다고 생각하기 때문이야. 어린이는 나이에 맞는 환경과 교육, 그리고 보호를 받아야 안전하게 성인으로 성장할 수 있기 때문이지. 여러분도 어린이들이 어른들과 마찬가지로 존엄하게 생활할 수 있는 권리를 가진 존재라는 것을 잊지 않았으면 해. 또 어린이의 권리를 보호받을 수 있는 일들도 함께 생각하면 좋겠어.

🔍 아동의 권리에 대하여

아동은 일반적으로 청소년기 이전의 어린아이를 뜻하는 말이야. 그러나 〈유엔 아동 권리 협약〉이라고도 부르는 〈아동의 권리에 대한 협약〉 제1조에 명확하게 쓰인 '보호받을 권리를 받을 아동'은 만 18세 미만의 모든 사람을 뜻해. 법에 의해 특별한 예외가 없는 한 말이야. 아동이 부모의 소유물처럼 여겨지고, 가문이나 나라를 위해 희생될 수 있는 존재로 생각되던 시대에는 아동의 권리라는 것이 없었어. 20세기에 들어와서도 아동은 보호받아야 하는 대상이라고만 생각했지. 아동이 영양에 부족함 없이 잘 발달해야 하고, 교육을 제공받는 등의 적극적인 권리를 주장할 수 있는 존재라고 인식하기 시작한 역사는 그리 오래되지 않았어.

🔍 〈유엔 아동 권리 협약〉이란?

다 성장한 어른과 달리 어린이는 신체와 정신이 발달하는 단계에 있기 때문에 그에 맞는 특별한 보호가 필요해. 유엔에서는 모든 어린이가 안전한 환경에서 잠재력을 충분히 발휘할 수 있도록 〈유엔 아동 권리 협약〉이라는 것을 만들었어. 안전한 주거지에서 살아갈 권리인 생존권, 모든 폭력의 형태로부터 보호받을 보호권, 잠재 능력을 최대한 발휘할 수 있게 하는 발달권, 자신의 생활에 영향을 주는 일에 대해 의견을 말하고 존중받을 수 있는 참여권 등이 있어. 세계의 모든 어린이들의 권리를 지켜 주기 위한 국제 사회의 약속이라고도 할 수 있지. 우리나라는 1991년에 가입했어.

08

푹 쉬어야
일도 잘할 수
있어!

빈센트 반 고흐
(Vincent van Gogh, 1853~1890)

네덜란드를 대표하는 화가로 처음부터 미술을 공부한 것은
아니었습니다. 학교 선생님, 화랑의 직원, 선교사로 일하던
중 독학으로 그림을 공부하고 작품 활동을 시작했습니다. 네
덜란드에서 파리로 건너간 이후 본격적으로 〈별이 빛나는 밤
에〉 같은 우리가 아는 고흐의 작품들을 그리기 시작합니다.
공기의 흐름과 바람의 움직임을 색채로 묘사해 내는 능력이
독특하고 탁월한 작가였습니다.

정오의 휴식
(La méridienne ou La sieste)
1889~1890년, 프랑스 파리 오르세 미술관

일할 때는 일하고
쉴 때는 쉬면 안 되나?

앞서 본 그림을 그린 화가는 네덜란드의 빈센트 반 고흐야. 그림이 워낙 유명해서 우리에게도 굉장히 친숙한 화가이기도 해. 이 그림을 보면 두 남녀가 신발까지 벗어 두고 편안하게 낮잠을 즐기는 것같이 보이지 않아?

이 작품의 제목은 〈정오의 휴식〉이야. 아마 따뜻한 햇볕이 내리쬐면서도 시원한 바람이 부는 어느 가을날, 밀을 수확하는 중에 점심을 먹고 난 후, 농부들이 따뜻한 밀짚 위에서 평화롭게 낮잠을 자는 모습이지 않을까 싶어. 아마 고흐가 살았던 네덜란드에서는 농민들이 조금 더 일하기가 편해서였을까? 그 옛날의 네덜란드는 모르겠지만, 지금 네덜란드는 그럴 것도 같다는 생각이 들어.

네덜란드 사람들이 휴식에 관해 어떻게 생각하는지 알 수 있는 재미있는 이야기가 하나 있어. 예전에 네덜란드에 유학을 갔던 한 한국인이 있었는데 말이야, 매일 집으로 신문을 배달시켰다고 해. 지금 같으면 인터넷에서 쉽게 뉴스를 볼 수 있지만 2000년대 초반만 해도 배달되는 종이 신문으로 정보를 얻는 경우가 많았거든. 그 한국인이 신문에서 가장 재미있게 읽는 코너가 있었다고 해. 그런데 어느 날부터인가 그 코너가 나오는 부분이 하얗게 빈칸으로 인쇄되어 배달되었어. 하루, 이틀, 심지어 사흘이 지나도록 말이야. 그 사람은 너무 이상하고 궁금해서 신문사로 전화를 했대.

"○○코너가 계속 하얗게 백지로 나오는데 무슨 일이죠?"

그러자 신문사의 담당자는 별 걸 묻는다는 말투로 대답을 했대.

"그 글 쓰는 담당자가 휴가 갔으니까요."

한국에서 태어나 자라고 일을 했던 그는 그 말을 듣고는 너무나 당황스러웠다고 해. 그렇지만 생각해 보면 쉬면서 일을 할 수 없는 것은 당연하지 않아? 이렇게 네덜란드는 전 세계에서 노동자들에게 복지와 휴식이 잘 보장되는 나라라고 할 수 있지. 반면 한국은 어떨까? 한국의 노동자들은 세계에서 가장 일하는 시간은 많고 휴식 시간은 적다고 해. 휴가는 또 어떨까? 대부분의 휴가 기간은 학생들의 방학 기간인 7~8월에 몰려 있어. 개인이 휴가를 가고 싶을 때 언제라도 떠날 수 있는 상황이 아니라는 거야. 만약 대기업이 휴가 기간을 정하면, 그 대기업과 연관된 많은 중소기업이나 개인들도 그 시기에 맞추어 휴가를 떠날 수밖에 없는 거지.

원하지 않는 날짜에 휴가를 간다 하더라도 편하게 쉴 수 있는 상황이 아닌 것이 한국의 현실이야. 한국의 노동자들은 휴가를 가서도 제대로 쉴 수 없거든. 우리 주변의 어른들을 한번 유심히 지켜보면 금방 알 수 있을 거야. 퇴근하고 집에 돌아왔다고 해도 가끔 회사에서 걸려오는 전화를 받기도 하고 주말이라도 급하면 회사의 업무를 처리하기도 해.

지금의 어린이들도 성인이 되면 누구나 노동자가 될 거야. 공장에서 일을 할 수도 있고, 농촌이나 회사에서 일을 할 수도 있어. 아니면 병원에서 환자를 치료하거나 법률 서비스를 제공할 수도 있어. 노동하는 것 자체가 권리인 것이지. 그렇다면 노동하는 동안 제대로 쉴 수 있는 권리도 보장받을 수 있어야 하지 않을까?

네덜란드를 포함한 북유럽의 여러 나라들은 특히 복지가 잘 되어 있어서 휴식 시간이 아주 길다고 해. 그럼 일하는 시간이 적으니 북유럽의 발전이 더딜까? 조사해 보니 그것도 아니라고 하네. 북유럽의 선진국 중의 하나인 노르웨이는 전 세계에서 일하는 시간이 세 번째로

짧은 나라야. 그럼에도 불구하고 노동 생산성, 즉 한 사람이 노동해서 생산해 낼 수 있는 일의 양은 한국의 두 배 이상이야. 휴식을 충분히 하고 나면 일할 때 생산할 수 있는 능력은 더 높아진다는 증거가 아닐까?

〈세계 인권 선언문〉에도 휴식할 수 있는 권리에 대해 나와 있어. 제24조에는 '모든 사람은 노동 시간의 합리적 제한과 정기적인 유급 휴가를 포함하여 휴식과 여가의 권리를 가진다'고 말이야.

지금의 한국 노동자들은 휴식할 수 있는 권리를 아직은 제대로 주장할 수 없는 것이 현실이야. 하지만 이 글을 읽은 여러분들이 노동을 하는 한국은 달라졌으면 좋겠어. 일을 할 수 있는 권리와 함께 휴식권도 충분히 보장되어야 하는 권리라는 것을 기억하면 좋겠어.

🔍 휴식권이란?

대한민국 헌법에는 '휴식권'이라고 확실하게 적혀 있지는 않아. 그렇지만 제10조에서 '모든 국민은 행복할 권리를 가지고 있다'는 내용이 있어. 또, 이 '행복할 수 있는 권리는 국가가 보장을 해야 한다'고도 적혀 있지. 그리고 노동과 관련한 내용을 규정해 놓은 근로 기준법에서는 정확히 휴식에 대해서 정해 놓고 있어서 이를 어기면, 법으로 처벌까지 받을 수 있어.

근로 기준법 제54조(휴게)

① 사용자는 근로 시간이 4시간인 경우에는 30분 이상, 8시간인 경우에는 1시간 이상의 휴게 시간을 근로 시간 도중에 주어야 한다.

② 휴게 시간은 근로자가 자유롭게 이용할 수 있다.

🔍 학생에게도 휴식권이 필요해!

한 고등학교에서 수능을 앞둔 3학년 학생들에게 점심 시간 동안 영어 듣기를 실시했대. 국가 인권 위원회에서는 이것이 학생들의 휴식권을 빼앗은 것이라고 판단하고 휴식권을 보호하라고 권했어. 모든 학생들에게 강제했던 건 아니었지만 사실상 편하게 휴식을 취하기 어려워 보인다고 판단한 거지. 쉴 때는 푹 쉬고 일이든 공부든 열심히 집중해서 하는 게 더 좋을 거야.

09

당연하지 않았던
그녀들의 권리

존 싱어 사전트
(John Singer Sargent, 1856~1925)

이탈리아에서 태어난 미국 화가입니다. 매우 부유한 집에서
태어나고 자랐기 때문에 귀족이나 부자, 미국의 대통령들까
지 친하게 지내며 그들의 초상화를 그렸습니다. 그렇지만 존
싱어 사전트는 부자뿐만이 아니라 소외받은 계층들에 대한
그림도 생생하게 그려 냈습니다. 대표작으로는 〈X 부인〉이
있습니다.

레이디 멕베스를 연기하는 엘렌 테리
(Ellen Terry as Lady Macbeth)

1889년, 영국 런던 테이트 브리튼

지금 우리가 누리는 권리는 그냥 얻어진 것이 아니야!

앞서 본 그림의 주인공을 한번 볼까? 너무나도 당당한 모습으로 보란 듯이 왕관을 머리 위로 얹으려는 순간이야. 보통 왕관은 종교의 지도자나 왕이 후계자에게 물려주며 씌워 주지 자기 손으로 직접 왕관을 쓴 사람은 거의 없었어. 당당하게 왕관을 머리 위에 얹고 있는 이 여성은 셰익스피어의 소설 속 주인공 맥베스의 부인, 레이디 맥베스야. 사실 셰익스피어의 소설 맥베스는 이야기가 참담하게 끝나. 소설 속 맥베스의 부인인 레이디 맥베스는 욕심도 의심도 많은 주인공인 맥베스를 부추겨서 많은 사람들을 죽게 하고 맥베스도 죽게 만들어. 그리고 결국 자신도 죽음을 맞이해. 어떻게 보면 이 소설이 몇 백 년 전에 쓰였기 때문에 남성인 맥베스가 주인공이 될 수밖에 없었겠지만, 모든 사건을 만들어 가는 실제 주인공은 레이디 맥베스라고도 할 수 있어. 화가 존 싱어 사전트는 그런 레이디 맥베스에서 영감을 얻어 이 그림을 그렸어.

이 그림을 본 당시 사람들의 반응이 어땠을 것 같아? 남성도 아닌 여성이 저렇게 당당하게 혼자 왕관을 차지하고 있는 그림이 너무 어색하게 느껴졌을 것 같아. 그 당시 여성은 동양이든 서양이든 온전하게 자신의 권리를 주장하기가 어려웠던 시절이었어. 얌전하게 자라서 결혼을 하고, 결혼 후에는 남편에게 순종하고 가정에만 머물러 있어야 했지. 아무리 영리하고 재능이 뛰어나더라도 학교에 입학해서 수업을

들을 수도 없었어. 책을 읽는 것도 일부 글을 배운 여성들만 가능한 일이었지.

그랬기에 당연히 정치에 참여하는 것도 불가능했어. 지금은 대통령을 뽑거나 국회 의원을 뽑을 때, 하물며 학교에서 대표를 뽑을 때도 모든 성별이 투표를 할 수 있어. 이렇게 투표를 할 수 있는 것, 즉 정치에 참여할 수 있는 권리를 '참정권'이라고 해. 이 참정권이 있어야만 자신의 권리를 국가를 향해 주장하고, 그 권리를 보장받을 수 있는 거야. 하지만 불과 100년 전까지만 해도 대부분의 국가에서 여성에게 참정권은 주어지지 않았어. 그건 신분 제도를 무너뜨린 '프랑스 대혁명'이 일어났고 〈인권 선언문〉이 만들어졌던 프랑스에서도 마찬가지였어. 〈인권 선언문〉은 인간으로서 누려야 할 기본적인 권리를 주장한 선언문이야. 프랑스 혁명은 1789년에 일어났고 그 뒤로 평민도 귀족과 동등한 참정권을 얻게 되었어. 하지만 이때도 여성에게는 주어지지 않았어. 150년도 훨씬 지난 1946년에야 프랑스의 여성들이 투표를 할 수 있게 되었지.

미국은 처음 국가가 생겼을 때부터 투표로 대통령을 뽑았던 민주주의 국가였어. 이런 미국에서도 여성이 투표를 할 수 있게 된 것은 1920년부터였지. 흑인에 대한 차별이 극심했던 미국이었는데, 흑인 남성이 백인 여성보다 먼저 참정권을 가지게 되었으니 여성에 대한 차

별이 굉장히 심했다고 생각해 볼 수 있지.

그렇다면 왜 이렇게 여성들에게 투표할 수 있는 권리를 허락하지 않았을까? 여성은 지능이 낮다고 생각했기 때문이었대. 여성에 대한 차별적인 생각을 가지고 여성을 배우지 못하게 했고, 그런 여성을 지능이 낮다고 다시 차별하면서 투표를 못하게 했던 거야.

'상대적인 약자'라는 말이 있어. 우리 사회에서 대상을 두고 비교했을 때 상대적으로 권력이 약한 사람을 뜻하는 말이야. 슬프게도 아주 오랜 시간 동안 여성은 남성과 비교할 때 상대적인 약자였던 것 같아. 여성이 참정권을 획득해 내기까지는 너무 오랜 시간이 걸렸거든.

지금의 우리들은 여성이 투표하는 것을 너무나 당연하게 생각해. 하지만 투표할 수 있는 권리를 여성이 가질 수 있게 되기까지 우리가 상상하는 것 이상으로 많은 사람들의 희생이 있었어. 수많은 여성 참정권 운동가들이 투표를 하기 위해 피켓을 들고, 행진을 하고 심지어는 목숨을 걸기도 했어. 실제로 프랑스에서 올랭프 드 구주(Olympe de Gouges)라는 여성 운동가는 프랑스 혁명이 일어난 뒤로 여성의 참정권을 요구했지만 결국 단두대에서 처형당했어. 영국에서도 여성 참정권 보장을 주장하던 에밀리 데이비슨(Emily Davison)이라는 여성 운동가가 경마장에서 달려오는 말에 몸을 던지기도 했지.

안타깝게도 아직도 많은 나라에서 여성이라는 이유로 참정권 외에도 많은 권리를 제한받고 있어. 어떤 나라에서는 여성이라는 이유로 집 밖에 혼자 나갈 수도 없고, 아파도 병원에 갈 수가 없어. 또 어떤 나라에서는 학교도 다닐 수 없지. 세상의 반인 여성이 세상에 있는 권리의 반을 똑같이 차지할 수 없더라도 여성이 자신의 권리를 주장하는 것이 당연하게 여겨져야 하지 않을까? 성별이 아니라 능력과 노력이 평가의 기준이 되는 사회가 정말 평등한 사회이지 않을까?

🔍 여성 참정권의 역사

여성 참정권 운동은 17~18세기 시민 혁명을 계기로 일반 시민들이 참정권을 획득하기 시작하면서부터 함께 진행되었어. 특히 올랭프 드 구주가 1791년 〈여성과 여성 시민의 권리 선언〉을 발표한 것을 계기로 전 세계에 여성 참정권 운동이 퍼져 나가지. 나라별로 여성이 참정권을 가진 시기는 차이가 나. 미시시피주를 제외한 미국은 1920년, 영국은 1928년, 일본은 1946년, 사우디아라비아는 2015년이야. 한국은 1919년 임시 정부가 수립될 때 남녀 동등하게 참정권을 보장하기 시작했지. 여성이 참정권을 얻기까지 대개 쉽지 않은 과정을 거쳤어. 여성이 참정권을 갖게 된 지는 100년이 채 되지 않았단다.

🔍 한국의 유리 천장

유리 천장은 '충분한 능력을 갖춘 사람이 직장 내에서 성 차별이나 인종 차별 등의 이유로 높은 자리를 맡지 못하는 상황'을 비유적으로 말하는 거야. 법이나 제도로 금지하는 게 아니라 눈에 보이지 않지만 장벽이 존재하는 거지. 인종, 성별 등 유리 천장에 처하게 되는 상황은 다양하지만 대체로는 여성이 많이 그런 상황에 놓이게 돼. 경제 협력 개발 기구(OECD)에서는 매년 여성의 날인 3월 8일, 회원국의 유리 천장 지수 통계를 발표하는데, 한국은 이 통계가 작성된 이후 지금까지 단 한 번도 빼놓지 않고 최하위 등수를 기록했어. 참정권을 시작으로 더 많은 기회에 있어 성별을 떠나 평등을 이룰 수 있도록 사회 인식이 바뀌어야 할 것 같아.

10

전쟁의
가장 큰 피해자는
어린이야!

오노레 도미에
(Honoré Daumier, 1808~1879)

프랑스 출신의 화가로 가난한 집에서 태어나 자랐습니다.
가난했기에 전문적으로 미술 학교를 다니지는 못했지만,
당시 유명한 화가였던 르누아르의 작업실에서 미술 공부
를 시작했습니다. 특히 프랑스 시사 주간지에 시사 만화를
그렸는데 왕과 귀족을 탐욕스럽게 표현했다는 죄로 6개월
간 감옥에 가기도 했습니다. 어렸을 때부터 경험했던 가난
을 주제로 많이 그렸으며 대표적인 작품으로 <3등 열차>,
<세탁부>. <봉기> 등이 있습니다.

구출
(Le Sauvetage)

1870년, 독일 함부르크 미술관

우리도 난민이 될 수 있어!

아니, 그 배우는 영화나 잘 찍지 무슨 난민을 받아야 한다고 그러는지.

솔직히 독일 봐요. 난민 많이 받다가 어떻게 됐는지.

관습도, 생각도, 종교도 다르고.

범죄가 일어날 수도 있잖아요. 골치만 아프다고요.

엄마 아빠, 그런데 우리도 한국 전쟁 때 난민이어서 세계인들의 도움을 받았대요.

만약 다시 전쟁이 나서 우리가 난민이 되면 어느 나라가 받아 줄까요?

앞의 그림을 보았니? 두 명의 어른이 방금 바다에서 아이를 구해 낸 것 같은 장면이야. 구출된 아이의 몸이 축 늘어져 있는 것을 보니 기절한 것처럼 보여. 도대체 무슨 일이 일어난 걸까? 이 그림은 프랑스의 화가 오노레 도미에가 그린 그림인데 제목이 〈구출〉이야. 제목으로 봐서는 다행스럽게도 아이가 구출되었으니 이제 안전하게 보호받으면 될 것 같아.

이 그림과 비슷한 상황이 실제로 발생한 적이 있었어. 2015년 가을, 전 세계 사람들을 안타깝게 했던 '알란 쿠르디'라는 아이의 이야기야. 시리아에서 태어난 알란은 겨우 세 살이었어. 알란 쿠르디가 살고 있던 시리아는 계속 전쟁 중이었어. 그의 부모님은 그곳에 머무르다가는 죽을지도 모른다는 두려움에 시리아를 탈출하기로 결심했지. 가족은 작은 배를 타고 험난한 바다로 나왔지만 그만 폭풍우에 사고를 당해 배는 부서지고 알란 쿠르디는 목숨을 잃게 돼. 결국 알란 쿠르디는 파도에 밀려 튀르키예의 해변가까지 떠밀려 왔어. 이미 목숨을 잃은 채 해변에 엎드려 있는 어린 알란 쿠르디의 모습은 전 세계 사람들의 마음을 아프게 했어.

시리아는 지금도 전쟁이 계속 일어나고 있는 나라야. 근처에 있는 예멘이라는 나라도 비슷한 상황이고. 두 나라 모두 수십 년째 분쟁이 발생하고 있어. 지금도 어린이 37만 명이 제대로 먹지 못해 굶어 죽을

상황이고, 1년에 1만 명 이상의 어린이들이 목숨을 잃는 끔찍한 상황이 발생하고 있어. 시리아나 예멘뿐만이 아니야. 우크라이나와 팔레스타인에서도 현재 전쟁이 진행 중이야. 아프가니스탄은 어떻고. 2021년에는 탈레반이라는 무장 세력이 국가를 차지하게 되면서 많은 사람들이 죽거나 나라 밖으로 탈출하지 못하고 갇혔어. 다행히도 그들 중에 대한민국 대사관에서 일을 했거나, 한국에 도움을 많이 준 가족들은 대한민국 대사관 직원들과 함께 한국으로 올 수 있게 되었어.

우리가 사는 지구의 세계 곳곳에서는 이러한 끔찍한 일들이 너무나 많이, 오랫동안 벌어지고 있다는 것을 알고 있니? 매일매일 폭탄이 떨어질까 봐 두려움에 떨고, 폭격으로 부모님을 잃을지 모르는 상황을

견뎌야 하는 아이들이 수도 없이 많이 있어.

몇 년 전 한국에 시리아와 예멘의 어린이를 포함한 가족들이 제주도에 도착해 난민 신청을 한 적이 있었어. 그 먼 곳에서 여기까지 힘들게 목숨을 걸고 온 거지. 그런데 일부 한국 사람들은 그들에게 듣기 힘들 정도의 혐오스러운 말들을 내뱉기도 했어.

"예멘에서 온 사람들을 받아 줬다가 우리나라가 이슬람 국가가 되는 것 아닙니까?"

"우리도 먹고 살기 힘든데 왜 우리나라로 오는 거야?"

"우리 아이들이랑 같은 학교를 보낼 수 없어요! 아이들에게 나쁜 영향을 미칠 거예요."

난민 아이들을 보호해야 한다고 주장했던 한 유명 영화배우에게는 무례한 말을 내뱉기도 했어. 아프가니스탄 아이들의 경우도 한국에 와서 학교를 다녀야 하는데 그 학교 학부모님들 중에 일부가 많이 반대했었어. 이슬람을 믿는 아프가니스탄 아이들과 같이 공부하게 둘 수 없다는 것이 이유였어. 그 친구들은 목숨을 걸고 탈출했고, 그 친구들의 부모님은 한국을 위해 일을 해 줬는데도 말이야.

사실 한국도 시리아나 예멘처럼 내전이 일어나서 많은 사람들이 죽고 외국으로 탈출했던 적이 있었지. 바로 한국 전쟁 때문이야. 그 시절, 부모를 잃은 아이들 중에 일부가 시리아로 가서 보호를 받았다고 해. 유엔 난민 기구(UNHCR)라는 유엔에 속한 기구가 있어. 이곳에서는 각 국가의 전쟁 난민을 돕는 일을 해. 한국도 지금의 시리아나 예멘, 아프가니스탄처럼 유엔 난민 기구의 도움을 받은 국가였어. 전쟁이 나면, 어린이가 가장 많이 다치고 피해를 입는다고 해. 우리가 누군가의 도움을 받았던 것처럼 이런 어린이 난민들에게 전 세계가, 특히 한국처럼 건강하고 힘이 있는 나라가 도움을 줘야 하지 않을까? 모든 아이들이 차별받지 않고 당당하게 교육을 받고, 공을 차고, 피아노를 연주할 수 있는 등의 평범한 생활을 할 수 있도록 말이야. 국적을 떠나 모든 어린이들은 보호받아야 하는 존재니까.

내전이란?

내전은 같은 나라 안에서 정치, 경제적으로 불안정한 이유로 또는 종교나 인종이 달라서 다툼이 일어나는 것을 말해. 한 나라 안에서 싸움이 발생하는 것이므로 같은 민족 혹은 국민들끼리 벌이는 전쟁인 셈이지. 지금도 지구 곳곳에 오랫동안 내전으로 고통을 받는 나라들이 많아. 역사적으로는 캄보디아 내전, 르완다 내전, 미국의 남북 전쟁, 베트남 전쟁 그리고 한국 전쟁 등이 있어.

왜 어린이가 전쟁의 가장 큰 피해자일까?

전쟁이 발생할 때 가장 극심한 피해를 입는 사람들은 어린이와 여성 등 사회적 약자야. 특히 어린이는 아직 발달 단계에 있기 때문에 어린이로서 누려야 하는 권리와 받아야 할 보호를 전쟁으로 누리지 못하는 것이 심각하지. 어린이들은 적정한 시기에 교육을 받고, 적절한 놀이를 하고 휴식을 취해야 하는데, 전쟁이 벌어지면 학교도 갈 수 없고 쾌적한 환경을 제공받을 수도 없어. 제대로 보호받지 못하는 상황에서 어린이들은 다치거나 죽음으로 내몰리게 돼. 어린이든 성인이든 전쟁에서 위험에 노출되는 것은 똑같지만 그 피해의 정도는 상대적으로 어린이가 더 크다고 볼 수 있지. 이에 국제 연합에서는 전쟁 피해 어린이들을 따로 구출하고 보호하는 프로그램으로 유엔 아동 기금(UNICEF)을 만들었어. 한국 전쟁 당시 한국의 많은 전쟁 피해 어린이들이 유엔 아동 기금의 도움을 받았단다.

11

피부색은
차별의 이유가
될 수 없어!

조지프 말로드 윌리엄 터너
(Joseph Mallord William Turner, 1775~1851)

영국 근대 미술의 아버지이자 국민 작가로 불릴 정도로 영국을
대표하는 풍경 화가입니다. 당시의 다른 화가들이 잔잔하고 부
드러운 느낌의 풍경화를 주로 그렸던 것에 비해 자연 현상을 극
적으로 표현하는 것으로 유명합니다. 많은 그의 작품 속에서 자
연의 웅장함과 거대한 힘을 엿볼 수 있습니다.

노예선
(The Slave Ship)

1840년, 미국 보스턴 미술관

피부색이 다른 게
대체 뭐라고!

사람의 피부색에 절대적인 구분이 있을까? 황인종이 대부분인 대한민국 안에서도 피부색이 좀 더 검은 사람, 좀 더 하얀 사람들이 다양하게 존재하고 있는데 말이야. 그런 피부색을 이유로 누군가를 차별한다면 이상하지 않을까? 그런데 그런 일들이 아주 오래전부터 있어 왔어. 그중 흑인에 대한 차별은 아주 오래되기도 했고, 역사적으로도 슬프고 화가 나는 이야기들로 가득 차 있기도 해. 그림을 보면서 함께 알아볼까?

앞서 본 그림은 '종'호라는 네덜란드의 배에서 1781년 일어난 끔찍한 실제 사건을 윌리엄 터너라는 화가가 그린 거야. 아주 오래전 피부색이 흰 사람들이 주로 살고 있는 유럽의 국가들이 새로운 대륙을 찾기 위해 여기저기 사람을 보낼 때였어. 피부색이 검은 사람들이 대부분인 아프리카 대륙에도 그들이 쳐들어 왔어. 유럽 사람들은 닥치는 대로 사람들을 잡아다 배에 태웠지. 그리고 아프리카인들을 노예로 팔기 위해 멀리 멀리 유럽이나, 아메리카 대륙으로 데리고 갔어. 이 '종'호도 그런 배였는데, 문제는 항해사의 실수로 식량과 물 싣는 것을 깜빡한 거야. 배에 물과 먹을 것이 부족해지자 배의 선장은 나이가 많거나 아픈 아프리카인들을 쇠사슬로 묶어 살아 있는 채로 바다로 던졌어. 나중에 이 선장은 재판을 받게 되는데 충격적인 것은 죄목이 살인죄가 아니라 보험 사기죄였다는 거야. 흑인 노예를 바다에 일부러 던지고 보험금을 받아 가로챘다는 거지. 흑인 노예는 사람이 아니라 물건으로 취급했던 거야.

또 다른 그림을 한번 볼까? 옆의 그림은 1670년에 스웨덴 화가 다비드 클뢰커 에렌스트랄(David Klöcker Ehrenstrahl)이 그린 그림이야. 그 시절 유럽에서 흑인을 그린 그림이라니 신기하지 않아? 노예 무역이 활발하기 훨씬 이전이었으니까.

그런데 흑인의 옷차림이 좀 다른 거 같아. 고급스러운 비단 옷을 입은 듯한 이 흑인 소년은 평화롭게 동물들과 어울려 있어. 어찌된 일일까? 그 당시 스웨덴에서는 흑인 차별이 없었던 것일까?

슬프게도 이 그림의 흑인 소년의 평온한 미소에는 완전히 다른 의미가 숨어 있어. 이 그림이 그려진 17세기 유럽에서는 동물원이 귀족들 사이에서 큰 유행이었대. 신대륙을 발견하고, 멀리 바다로, 다른 대륙으로 탐험하는 이들이 많아지면서 세계 각국의 신기한 동물들이 유럽으로 들어오게 되지. 그러자 돈이 있는 부자들이나 귀족들은 이런 동물들을 수집해서 감상하거나 손님들에게 구경시켜 주었다고 해. 그러니까 저 그림 속 흑인 소년은 신기한 구경거리가 되었던 거야.

불행히도 이런 끔찍한 일은 17세기만의 일은 아니었어. 그로부터 200년도 훨씬 지난 1904년에는, 콩고 피그미족 중 하나인 음부터족의 남성인 '오타뱅가'가 미국 백인에 의해 납치되었어. 그는 1906년

하루 종일 구경거리가 되어야 했다니. 말도 안 돼.

흑인과 앵무새와 원숭이
(Pojke med papegojor och markattor)

1670년, 스웨덴 스톡홀름 국립 박물관

미국 세인트루이스 만국 박람회장에 전시되었고, 전시가 끝난 후에는 미국의 브롱크스 동물원으로 팔려가게 되지. 그는 동물원의 오랑우탄 우리에 가둬진 채 오랑우탄과 함께 사람들에게 구경거리가 되었어. 음식도 사람들이 던져 주는 바나나 같은 것을 받아 먹어야 했어. 당시 흑인 인권 운동가들과 종교인들은 이 사실에 충격을 받아 그를 구하기 위해 많은 노력을 했어. 결국 동물원에서 나오게 되었지만 그 충격과 고통에서 벗어나지 못했는지 1916년 스스로 삶을 마감했대. 오타뱅가 역시 납치되기 전에는 고향에서 가족들과 친구들과 행복하게 살아가던 '평범한 사람'이었어. 이렇게 모든 생활이 사람들 앞에서 벌거벗겨진 채로 동물 취급받았던 시간이 얼마나 고통스러웠을까?

세월이 100년 넘게 지나 2020년, 오타뱅가를 가두었던 브롱크스 동물원은 정식으로 사과를 하기도 했지만 흑인에 대한 차별이 완전히 사라진 것은 아니야. 400년 전 흑인을 구경거리로 혹은 노예로 마음대로 납치하고 가두었을 때부터 지금까지도 피부색은 차별의 가장 큰 이유 중의 하나가 되어 버렸어. 〈세계 인권 선언문〉은 30개의 조항에서 대부분 처음 문장을 '모든 사람은~'으로 두고 있어. 그 이유는 인종, 성별, 나이, 피부색 등에 상관없이 지구상의 모든 사람들은 평등하다는 것을 밝히고 있는 거지.

🔍 로자 파크스와 몽고메리 버스 거부 투쟁

이 투쟁은 1955년 미국, 백인과 흑인의 생활 공간을 분리해서 사용하도록 하는 정책이 실시되던 몽고메리 지역에서 일어났어. 어느 날, 로자 파크스라는 흑인 여성이 버스의 중간 자리에 앉았어. 보통 중간 자리는 누구나 앉아도 괜찮은 자리였으나 백인이 요구할 경우 흑인은 자리를 양보해야 했지. 당시 로자 파크스는 뒤로 가라는 백인의 요청을 거부했고, 흑백 분리 정책을 위반한 혐의로 체포됐어. 이 사건은 몽고메리 지역 흑인들 사이에 삽시간에 퍼지고 분노한 흑인들은 버스 탑승 거부 운동을 벌여. 결국 몽고메리는 흑백 분리 정책을 없앴고, 이를 계기로 흑인 인권 운동이 미국 전역으로 퍼져.

🔍 살구색 크레파스의 비밀을 아니?

2001년 11월 26일, 가나에서 온 커피딕슨과 다른 외국인 4명이 '살색'이라는 색의 이름을 크레파스, 색연필 등에 표기하는 것에 대해 국가 인권 위원회, 크레파스 제조 업체 등에 문제를 제기했어. '살색'이라는 색 이름이 모든 사람의 피부색은 살색이라는 색상과 같다는 인식을 줄 수 있으며, 살색과 피부색이 다른 사람들에 대한 차별을 일으킬 수 있다는 것이 그 이유였어. 이에 국가 인권 위원회는 '살색'이라는 이름을 '연주황'으로 바꾸라고 해. 그런데 이번에는 크레파스를 가장 많이 사용하는 어린이들이 문제를 제기했어. '연주황'이라는 이름이 한자어여서 어려우니 쉬운 말로 바꿔야 한다고 했지. 결국 2005년 '살구색'으로 색의 이름이 바뀌었어.

맞아도
되는 사람은
없어!

단원 김홍도
(1745~?)

조선 후기의 화가입니다. 산을 그린 산수화, 인물을 그린
인물화, 꽃과 새를 그린 화조화 등 모든 그림에서 뛰어났
습니다. 특히 평범한 백성들의 삶을 그린 풍속화로 유명
합니다. 나라에서 운영하는 도화서에서 활동하면서 영
조와 정조 임금의 초상화인 어진을 그리기도 했습니다.
〈씨름〉, 〈서당〉, 〈춤추는 아이〉 등이 대표작입니다.

서당

연도 미상, 국립 중앙 박물관

체벌은 꼭 필요한 걸까?

좀 혼나기도 하고 벌도 서면서 자라야 하는데.

요즘 아이들은 그런 게 없다 보니 세상 무서운 게 없어.

툭 하면 아동 학대라고 경찰서에 신고나 하고.

나 때는 상상도 할 수 없었던 일이지.

아빠, 그래서 그렇게 체벌받으며 자란 어린 시절이 행복하셨어요?

음….

앞의 그림은 아주 유명한 그림이지? 한국 사람이라면 누구나 한 번쯤은 보고 배웠던 작품일 거야. 조선 후기를 대표하는 화가 단원 김홍도의 〈서당〉이라는 작품이야. 단원은 여러 종류의 그림을 남겼지만 그중에서도 민중이라 부르는, 우리처럼 평범한 사람들을 주인공으로 그린 풍속화가 특히 유명해. 그중에서도 보고 있으면 슬쩍 미소가 지어지는 그림 중 하나가 바로 이 그림이지. 그림을 한번 들여다보자. 가운데에 앉아 있는 한 아이가 울고 있어. 무슨 이유 때문인지는 모르지만 훈장님께 회초리를 맞았나 봐. 아마 숙제를 제대로 안 해서일 듯한데 말이야. 다른 아이들은 혼이 난 아이를 바라보며 웃고 있네. 사실 지금의 어른들에게는 이 그림이 그저 추억을 떠오르게 하는 재미난 장면처럼 보일 거야. 불과 얼마 전까지도 한국에서는 학교에서의 체벌은 당연한 것으로 여겨졌거든. 부모님 세대가 학교에 다니던 시절의 영화나 드라마를 보면, 선생님들이 몽둥이나 자 같은 도구를 가지고 학생들을 때리기도 해. 피가 나고 멍이 들 정도의 체벌이 이루어지기도 했어. 물론 그렇게 심각한 체벌은 아니더라도 선생님으로부터 꿀밤을 한 대씩 맞거나, 회초리로 손바닥을 한두 대 맞는 일들은 흔했었거든.

우리는 흔히 학교 폭력이라고 하면 학생들 사이에서 벌어지는 폭력 사건으로만 생각하는데, 학교 폭력은 학교에서 일어나는 학생에 대한 모든 폭력을 일컫는 거야. 선생님의 체벌 역시 2011년 '초중등 교육

법 시행령'이 개정되면서 법적으로 금지되었어.

　단원의 그림에서도 회초리를 맞는 아이가 보여 주듯이, 어린이에 대한 체벌은 아주 오래된 훈육의 방식이었어. '사랑의 매'라는 이름으로 때리기도 했지. 어린이들은 당연히 체벌로 가르쳐야 한다는 인식이 있었어. 2017년에 보건 복지부가 조사한 결과에 따르면 응답자의 80퍼센트 가까이가 어린이에 대한 체벌이 필요하다고 했으니까. 문제는 이런 인식 속에 어린이를 때려서라도 변화시켜야 하는, 어른보다 낮은 존재로 여기는 생각이 포함되어 있는 거지.

　어린이와 청소년은 모든 형태의 폭력과 학대로부터 보호받을 권리가 있다는 것을 알고 있니? 신체적으로 폭력을 사용하는 것뿐만 아니라 정서적으로 나쁘게 대하거나 어린이라고 부당하게 차별하는 것까지 모두 해서는 안 되는 일이지. 즉, 아이를 때리는 것, 아이에게 욕설 같은 나쁜 말이나 소리를 지르는 것, 나이가 어리다는 이유만으로 제외시키거나 조롱하는 것들까지 말이야.

　어린이나 아동 학대라는 말을 들어 보았을 거야. 가정이나 어린이들이 보호받는 시설에서 발생하는 사건들이지. 매년 수많은 어린이들이 학대로 성장 과정에서 상처를 받고, 심지어 목숨을 잃기까지 해. 그런데 어린이들은 아직 경험이 부족하기 때문에 어른들의 그런 행동이 잘못된 건지 알지 못하고 내가 잘못해서 혼나는 거라고 생각하는 경우가 많아.

맞아도 되는 사람은 이 세상에 존재하지 않아. 그건 어린이나 성인이나 마찬가지야. 〈세계 인권 선언문〉 제5조에는 굴욕적이거나 모욕적인 처우를 받지 않을 것을, 제6조에는 법 앞에 한 인간으로 동일하게 인정받을 권리가 명확히 적혀 있지. 특히 제25조와 제26조에는 어린이의 권리가 별도로 명시되어 있기도 해.

일방적으로 인간이 인간에게 행하는 모든 폭력은 도덕적으로도, 법으로도 당연히 금지되는 거야. 어린이는 어른이 마음대로 할 수 있는 어리석은 존재가 아니야. 그저 아직 경험이 부족해 경험이 많은 어

른들의 도움과 보호를 받아야 하는 존재이며, 어린이는 어른과 동등하게 권리를 주장할 수 있어야 해.

물론 어린이와 성인이 신체적인 조건이 같은 것이 아니기 때문에 성인처럼 술을 마시고 담배를 피울 권리까지 똑같이 주장할 수는 없어. 그런 것들은 어린이의 건강권을 해치는 일이기 때문이야. 어린이이기에 주장할 수 있는 권리들은 성인과 다르지 않음은 분명하지만, 어린이가 성장 과정에서 보호받아야 하는 특수한 상황임을 고려해야 한다는 거야.

어린이의 인권을 보호해야 하는 가장 큰 이유는, 인권을 제대로 보장받고 보호받으며 자라난 어린이들이 인권의 가치를 누구보다 더 잘 아는 성인으로 자라게 될 것이기 때문이야. 그러면 다음 세상은 훨씬 더 인권에 대해 서로 풍부하게 이야기할 수 있고, 자신의 권리를 더욱 당당하게 주장할 수 있으며, 그렇게 해도 서로 전혀 불편해하지 않는 사회가 될 수 있을 거야.

🔍 학생의 인권이 먼저일까? 선생님의 교권이 먼저일까?

흔히들 학생의 인권과 선생님의 교권이 충돌한다고 생각해. 교권은 선생님이 교육 활동 과정에서 보장받는 권리야. 즉, 선생님들이 일을 하면서 정당한 급여를 받고, 신분이 보장되고, 교육 활동을 보호받는 것을 말해. 이 중 교육 활동을 보호받는다는 것은 학생들의 인권, 교육받을 권리, 존엄할 권리 등을 보호할 수 있는 권한을 보호받는다는 것이기도 해. 그러므로 학생 인권을 보호하는 것은 선생님의 역할인 거지. 학생 인권의 보호가 교권의 침해로 이어지는 것은 일부 학생이나 학부모의 무례한 행위 탓도 있지만, 선생님들을 보호할 수 있는 근본적인 제도가 갖춰지지 않아서야. 하루 빨리 교권을 보호할 대책이 마련되었으면 좋겠어.

🔍 아동 최선의 이익 원칙

'아동 최선의 이익' 원칙이라는 것이 있어. 어린이와 청소년에게 영향을 미치는 모든 활동과 결정에 있어서 어린이와 청소년에게 무엇이 최선의 이익인지를 최우선적으로 고려해야 한다는 뜻이지. 〈아동 권리 협약〉 제3조 제1항에도 명확하게 쓰여 있어. 부모나 가족은 물론 선생님이나 어린이와 청소년을 돌보는 사람들도 이 원칙을 지켜야 해. 예전에는 입양이나 이혼, 학대 문제로 다툴 때 주로 쓰였는데 이제는 어린이와 청소년이 관련된 모든 영역에서 고려되고 있어. 그래서 어린이와 청소년에게 의견을 묻는 것은 중요하지. 어린이와 청소년 스스로도 이 원칙을 지키려고 노력해야 해.

13

모두에게는
교육받을 권리가
있어!

니콜라이 페트로비치 보그다노프-벨스키
(Nikolay Petrovich Bogdanov-Belsky,
1868~1945)

보그다노프-벨스키는 러시아의 화가로 가난한 집에서
태어났지만 그림 공부를 꾸준히 했고 지원도 받았습니
다. 초상화와 빛과 색을 새롭게 해석하는 인상주의식 풍
경을 자주 그렸으며 특히 농민, 어린이 교육에 관심이 많
아 이에 관련된 그림을 많이 그렸습니다. 1903년에는
교육자이자 학자가 되기도 합니다.

학교 문에서
(At the School Doors)

1897년, 국립 러시아 박물관

나도 친구랑 같이
학교에 가고 싶어!

엄마, 우재는 학교 가는데 왜 나는 못 가요?

우리는 한국 사람이 아니라서 그래.

대신 엄마랑 집에서 한글 공부하자.

몇 주 뒤

이봐, 도리스! 소식 들었어? 마가리타를 학교에 보낼 수 있어!

네? 어떻게 된 거예요? 법 때문에 안 된다고 했는데.

아, 그게 법이 아직 통과가 안 됐는데 국가 인권 위원회에서 권고했어.

한국은 〈아동 권리 협약〉에 가입되어 있는 국가니 국적 상관없이 아이들의 교육권을 보장하라고.

와! 그럼 나도 친구들이랑 똑같이 학교 갈 수 있는 거예요?

이번에는 러시아의 유명한 화가를 소개할까 해. 바로 니콜라이 보그다노프-벨스키야. 이 화가는 지금으로부터 100여 년 전에 러시아에서 활발히 활동했던 화가지. 보그다노프-벨스키는 가난한 농촌 마을에서 태어났어. 가난한 어린 시절을 보냈지만 그림을 그리는 재능만큼은 타고났지. 다행히 주변의 돌봄과 지원으로 미술을 배울 수 있었고, 결국에는 왕족과 귀족의 초상화를 그릴 정도로 유명한 화가가 되었어.

앞에서 본 그림은 학교에서 공부를 하는 아이들의 모습을 그린 〈라친스키 학교에서의 암산 공부〉와 비슷하다고 할 수 있는 작품이야. 다음 쪽에서 볼 수 있는 〈라친스키 학교에서의 암산 공부〉는 화가 자신이 졸업했던 시골 마을의 학교에서의 한 추억을 그림으로 그린 거야. 아이들 좀 봐, 잘 차려입지는 못했지만 공부에만은 진심인 것 같지 않아? 문제를 뚫어지도록 들여다보는 아이, 머리를 잡고 '아 포기해야 하나?'라는 생각을 하는 듯한 아이까지 말이야. 가난하지만 공부할 수 있는 여건이 된다는 건 참 중요한 것 같아.

그럼 앞의 그림을 다시 한번 보자. 같은 화가가 그린 그림이지만 묘하게도 비슷하면서도 다른 느낌이 들어. 아마 같은 학교 같은 교실일 수도 있다는 생각이 들지? 그런데 아이가 든 지팡이와 낡은 신발, 찢어진 옷을 겨우 꿰맨 차림새는 이 아이가 안정적으로 생활하는 아이가 아니라는 느낌이 들지 않아? 아주 오랫동안 길에서 방랑했거나, 구

걸로 생계를 겨우 이어 나가는 친구일 수도 있을 것 같지?

그림의 배경이 된 1917년경은 황제를 쫓아낼 만큼 러시아 국민들은 너무나 가난하고 살기 힘들던 시절이었어. 가난한 아이들은 수도 없이 많았고, 부모를 잃고 떠돌아다니는 아이들도 많았지. 아마 그런 아이들 중 하나가 아닐까? 그런데 이 아이는 지금 교실 문 앞에 서 있지만 들어갈 수 없어. 아이가 기댄 지팡이가 아이의 마음을 보여 주듯 살짝 교실 안으로 들어가 있을 뿐이야.

하지만 어린이들은 분명히 교육받을 권리가 있어. 교육을 받지 못한다는 것은 이 사회의 구성원으로 살아갈 수 있는 자격을 못 갖춘다는 것과 마찬가지야. 그래서 〈세계 인권 선언문〉이나 대한민국의 최고법인 헌법에서도 어린이들이 교육을 받을 수 있는 권리를 국가의 의무로 규정하고 있어. 어린이의 권리를 보장하는 〈아동 권리 협약〉에서도 정부는 어린이의 교육에 대한 권리를 위해서 노력해야 한다고 구체적으로 나와 있지.

대부분의 한국 아동들은 이러한 여러 가지 법과 제도에 의해서 교육을 받을 수 있는 권리를 보장받고 있어. 하지만 그럼에도 불구하고 이런 교육받을 권리를 누리지 못하는 아이들이 있다는 것을 알고 있니? 바로 '미등록 이주 아동'이야. 얼마 전까지만 해도 그 친구들을 '불법 이주 아동'이라는 무시무시한 말로 부르기도 했지. 아직 어려서 스스로 불법을 저지를 수도 없었을 텐데 우리 사회는 그렇게 불렀어.

　한국 사람들이 미국에 일하러 가서 아이를 낳게 되면 그 아이는 미국과 한국 중에 국적을 선택할 수 있어. 그러나 한국에 일하러 온 사람들이 한국에서 아이를 낳게 되면 한국 국적을 가질 수 없어. 부모 중 한 명이 한국 사람이어야만 가능하지. 그러다 보니 한국 사회에 국적이 없는 아이들이 수없이 태어나고 자라게 된 거야. 그런데 그 친구들은 국적이 없다 보니 교육받을 수 있는 권리를 누리지 못하고 있었어. 어떤 국회 의원이 학교를 다닐 수 없는 아동들이 안타까워 교육을 받을 수 있도록 법을 만들고자 했지만 국민들의 반대로 실패했어. 여러분 생각은 어때? 그 친구들과 같은 학교에서 같은 수업을 듣는 것이 많이 불편할까? 아니면 그 친구들이 저 그림 속 친구처럼 학교 문 앞에서 망설이고 있는 것을 보는 것이 불편할까? 우리도 언젠가는 외국에 나가서 결혼을 하고 아이를 낳아 기를 수도 있을 텐데 우리가 그렇게 차별을 당한다면 어떤 기분일까?

　다행히 '미등록 이주 아동'들에 대한 출생 등록제라는 제도가 마련되어서 이제는 교육받을 권리를 어느 정도 인정받고 있지만, 완벽하지는 않아. 나이나 국적, 인종이나 피부색이 다르다는 이유로 교육받아야 할 권리에 차별이 있다는 것은 아직 우리가 '평등한 세계인'이라는 생각에서 멀리 있기 때문이야.

🔍 교육권이란?

교육을 받는다는 것은 우리가 가진 기본 권리에 해당하는 거야. 학교 가는 것도, 공부하는 것도 싫고 힘들어서 왜 학교를 다니고 공부를 해야 하냐고 묻는 친구들도 많지만, 이 세상에는 교육받을 수 없는 아이들도 꽤 많아. 학교에 가고 싶어도 전쟁 또는 가난 때문에 갈 수 없는 경우가 있어. 교육을 받지 못한다면 우리가 누려야 하는 수많은 권리들에 대해서도 제대로 배우지 못하고, 국가에 요구할 수 있는 방법도 잘 모를 수밖에 없지. 그렇기 때문에 교육권은 다른 권리를 보장받기 위해 반드시 필요한 권리라고 할 수 있어. 그래서 〈유엔 아동 권리 협약〉과 대한민국 헌법, 그리고 〈세계 인권 선언문〉에서도 교육권에 대해 말할 정도로 중요하게 다루는 거야.

🔍 한국에 서진 학교가 세워지기 위하여

서진 학교는 장애 학생들의 교육권을 위해 지어진 특수학교로 2020년에 문을 열었어. 성장과 장애의 정도가 저마다 다른 장애 학생들은 각 학생들에게 맞춘 개별 교육이 필요하거든. 그래서 시설 수가 늘 부족한 것이 현실이야. 그런데 서진 학교가 지어질 거라는 계획이 발표된 때부터 지역 주민들의 많은 반대가 있었어. 장애 학생들의 부모들이 무릎을 꿇고 제발 서진 학교를 짓게 해 달라고 호소하기도 했지. 이렇게 우여곡절을 겪은 서진 학교는 다행히 잘 지어졌고 세련된 디자인과 공간 구성, 사회적 의미를 인정받아 건축 대상을 받기도 했어.

참고 자료

- 국가인권위원회, 《세계인권선언: 사이버 인권교육 보조교재》, 2018.

- 국가인권위원회, 《언론인을 위한 장애인권 길라잡이》, 2012.

- 국가인권위원회, 《인권교육 기본용어》, 2020.

- 국제노동기구 홈페이지(www.ilo.org).

- 김성아, '74미터 상공에 핀 꽃기린: 영남대의료원 고공농성장 방문 기', 〈뉴스민〉, 2019. 9. 3.

- 김수아 외 5인, 《차별과 혐오를 넘어서》, 컬처룩, 2022.

- 김승섭, 《아픔이 길이 되려면》, 동아시아, 2017.

- 김일우, '민주당 구의원 "성매매 여성, 세 살 버릇 여든까지…" 막말', 〈한겨레〉, 2019. 1. 4.

- 김태권, 《불편한 미술관》, 창비, 2018.

- 김형규·박광연, "한국 노동현실이 19살 김군을 '2016년 전태일'로 만들었다", 〈경향신문〉, 2016. 5. 31.

- 두산백과.

- 문경란, 《우리 곁의 난민》, 서울연구원, 2017.

- 문병도, '스튜어디스에 치마 강요는 성차별', 〈서울경제〉, 2013. 2. 4.
- 민은경·정병설·이혜수, 《18세기의 방》, 문학동네, 2020.
- 박홍규, 《오노레 도미에》, 소나무, 2000.
- 법무부 통계 정보(www.moj.go.kr).
- 손승희, 〈1913년 일제강점기의 배화폭동과 화교〉, 《중국근현대사연구》, 41, 2009.
- 여성가족부 홈페이지(www.mogef.go.kr).
- 이영수, 《독일어문학》 31(0), 2005.
- 이유리, 《캔버스를 찢고 나온 여자들》, 한겨레출판, 2020.
- 이유리·임승수, 《세상을 바꾼 예술 작품들》, 시대의창, 2009.
- 이주은, 《스캔들 세계사 2》, 파피에, 2014.
- 이진숙, 《러시아 미술사》, 민음인, 2007.
- 이진영, '조선 청년 안토니오 코레아, 루벤스를 만나다', 〈동아일보〉, 2004. 1. 30.
- 전국역사교사모임, 《살아있는 세계사 교과서 1》, 휴머니스트, 2005.
- 전태일 재단 홈페이지(www.chuntaeil.org).
- 제주 4·3 평화재단 홈페이지(jeju43peace.or.kr).
- 조원재, 《방구석 미술관》, 블랙피쉬, 2018.
- 조효제, 《탄소 사회의 종말》, 21세기북스, 2020.

- 진실·화해를위한과거사정리위원회 보고서, '파독광부간호사의 경제발전에 대한 기여의 건', 2008.
- 파스칼 메르시어(페터 비에리), 문항심 옮김, 《삶의 격》 은행나무, 2014.
- 학생인권조례, 오해 넘어 이해로 《학생인권조례》 바로 알기 안내서, 국가인권위원회, 2023
- 헌법 읽는 청년 11인, 《내 생에 첫 헌법》, 베이직커뮤니티, 2020.
- 홍성수, 《말이 칼이 될 때》, 어크로스, 2018.
- 휘트니 채드윅, 김이순 옮김, 《여성, 미술, 사회》, 시공사, 2006.
- 〈제노사이드 협약〉, 1948.
- 《세계난민기구(UNHCR) 연례보고서》, 2019.
- 〈Global Report 2019〉, UNHCR, 2019.
- 501 위대한 화가, 마로니에북스, 스티븐 파딩, 2009.
- Hugh Watt, 《Demonism verified and analyzed》, The Presbyterian committee of publication, 1922.

교과 연계

115

07 힘 없는 아이들에게 강제 노동은 이제 그만!

3학년 2학기 도덕	우리가 만드는 도덕 수업2: 우리 모두를 위한 길

08 푹 쉬어야 일도 잘할 수 있어!

5학년 1학기 도덕	1. 바르고 떳떳하게

09 당연하지 않았던 그녀들의 권리

5학년 2학기 도덕	우리가 만드는 도덕 수업 2: 다 같이 행복한 우리들 세상

10 전쟁의 가장 큰 피해자는 어린이야!

6학년 2학기 도덕	우리가 만드는 도덕 수업 2: 평화로운 세상을 향하여

11 피부색은 차별의 이유가 될 수 없어!

4학년 2학기 도덕	6. 함께 꿈꾸는 무지개 세상
6학년 2학기 사회	1. 세계의 여러 나라들
6학년 2학기 사회	2. 통일 한국의 미래와 지구촌의 평화

12 맞아도 되는 사람은 없어!

4학년 2학기 국어-가	3. 바르고 공손하게
5학년 2학기 사회	2. 사회의 새로운 변화와 오늘날의 우리

13 모두에게는 교육받을 권리가 있어!

4학년 2학기 사회	3. 사회 변화와 문화 다양성
6학년 2학기 도덕	4. 공정한 생활